★成功经理人365天管理笔记系列(服务业经理人)

U0900074

职业经理人的读书笔记 ★ 成功经理人DIY读本

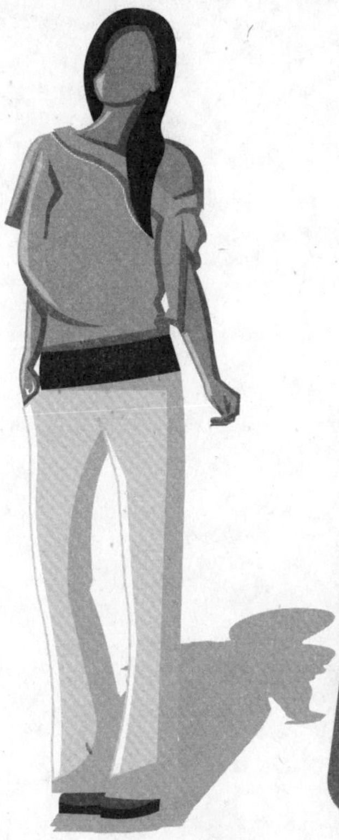

服装店店长

FUZHUANGDIAN DIANZHANG

时代华商管理培训中心◎策划

滕宝红◎主编

365天管理笔记

365 TIAN GUANLI BIJI

◆采用“一日管理＋一周管理＋一月管理＋季度管理＋全年管理”编写风格，图文并茂、形式活泼。

◆内容阅读采用PDCA循环法，通过时间安排、工作重点、管理方法、管理心得四个部分为一个完整循环的学习方式进行导读。

◆本丛书编排新颖，思路清晰，是企业经理人不可多得的管理用书。

作为一本职业经理人的学习管理笔记，该书能指引经理们每天有计划地安排时间，认真记下工作中的琐事，再把自己想做的事情、计划做的事情、没有解决的问题记录下来，并定期检视，从而使他们成为一名成功的经理人。

SPM

南方出版传媒

广东经济出版社

·广州·

图书在版编目（CIP）数据

服装店店长365天管理笔记／时代华商管理培训中心策划，滕宝红主编．—广州：广东经济出版社，2014.7

（成功经理人365天管理笔记系列．服务业经理人）

ISBN 978-7-5454-3493-4

Ⅰ.①服… Ⅱ.①时…②滕… Ⅲ.①服装—商店—经营管理 Ⅳ.①F717.5

中国版本图书馆CIP数据核字（2014）第153965号

出版发行	广东经济出版社（广州市环市东路水荫路11号11～12楼）
经销	全国新华书店
印刷	中山市国彩印刷有限公司（中山市坦洲镇彩虹路3号）
开本	787毫米×1092毫米 1/16
印张	11.75
字数	223 000字
版次	2014年7月第1版
印次	2014年7月第1次
印数	1～4 000册
书号	ISBN 978-7-5454-3493-4
定价	28.00元

如发现印装质量问题，影响阅读，请与承印厂联系调换。

发行部地址：广州市环市东路水荫路11号11楼

电话：（020）38306055 38306107 邮政编码：510075

邮购地址：广州市环市东路水荫路11号11楼

电话：（020）37601950 邮政编码：510075

营销网址：**http：//www.gebook.com**

广东经济出版社常年法律顾问：何剑桥律师

·版权所有 翻印必究·

前　言

作为企业中坚力量的部门经理（店长），在企业中起着承上启下的作用，其职业素质、管理能力和领导能力决定了企业发展的速度，决定了企业能否培养出一支优秀的员工队伍，决定了能否有效达成企业经营目标和提高业绩。

部门经理（店长）是企业的执行者，由于各种原因，部门经理在管理工作中会出现许多问题：要么缺乏规划，没有重点，看起来每天都很忙，但不知在忙什么，忙得没有效果；要么严重缺乏执行力，领导的意图总是贯彻不到位或者未及时落实；又或者不懂得设定目标，没有掌握达成目标的有效方法等。

出现这些问题的根本原因是，企业部门经理（店长）不会在年初做规划，不会在季初、月初、周初做计划，不会合理地安排下属的工作，不会合理地运用自己每天的工作时间，不会有效地跟进部门各项工作，不会在月末、季末、年末的时候做总结报告。当然，还有一些新上任的部门经理（店长）甚至不知道自己该在什么时候做计划、该在什么时候跟进工作、该在什么时候写总结，而只是被动地听从上级安排，这自然不是一个优秀的部门经理（店长）应有的表现。

针对企业部门经理（店长）的困境，我们特意策划设计了“成功经理人365天管理笔记”系列丛书，旨在引导部门经理（店长）每日、每周、每月、每季、每年（年末）应当做的事情及做这些事情的方法、技巧及应用的表格、表单和工具。

“成功经理人365天管理笔记”系列丛书目前主要涵盖10个管理岗位，包括汽车4S店店长、汽车美容店店长、便利店店长、婚纱影楼店店长、服装店店长、房地产中介门店店长、家居建材门店店长、餐厅楼面经理、物业保安主管、物业管理处主任。

“成功经理人365天管理笔记”系列丛书编排新颖，思路清晰，是经理人不可多得的管理用书。该系列丛书打破传统书籍的理论讲述，不讲为何做，而讲怎样做，注重实操性。书中提供了大量工作总结、工作计划范例以及可以直接运用到实际工作中的表单。

为了方便读者学习，本书在一些重点内容或者需要注意的内容旁边设置了“特别提示”栏目，方便读者注意重点、要点，加深学习印象。同时，本书在页面的右方设置了“随手札记”栏目，供读者随时记录学习心得。请不要将这些表格忽略，要认真投入思考并记录下来，这绝对会有助于各方面能力的提升。

作为一名部门经理（店长），本书可使您通过每天有计划地安排时间，记录工作中的琐事，通过找方法，一步一步解决问题，再把自己想做的事情、计划做的事情、没有解决的问题记录下来，去寻找解决的办法，定期检视，使自己成为一名成功的经理人。

“成功经理人365天管理笔记”系列丛书适用于企业部门经理（店长）、主管、领班，新入职的大中专学生，管理培训机构，职业管理院校的学生等阅读，也可作为管理人员的手边工具书使用。

当然，本系列丛书也有不足之处，希望广大读者对我们提出宝贵意见。在此，我们所有编者对您的关注予以真诚的感谢！

“成功经理人365天管理笔记”系列丛书

编委会

目 录

导读 365天阶段管理，让你工作更轻松

第一章 如何安排与落实一日工作

忙！忙！忙！

忙些啥

忙着进行店面巡视检查，忙着召开各种临时会议，忙着检查各种报表，忙着应对顾客投诉，忙着批阅各种申请报告，忙着准备员工的绩效考核……

作为服装店店长的你，是不是处于以上所述盲目的忙乱状态呢？如果是，那么你就需要做好每天的工作计划了，只有按照详细计划一步步来，才能条理清晰而不至于在手忙脚乱中出差错。相信通过本章的学习，你一定能摆脱这种“穷忙”的困境

第二章　如何安排与落实一周工作

新的一周又开始了，该怎样来做好这一周的工作呢？仔细想想，本周有哪些主要工作：缺货商品进行确认追踪；要对本周销售情况进行分析；需要做好成本控制与管理工作……

事情这么多，怎样才能理清呢？仔细看看，哪些必须在第一时间内完成，哪些可以稍微往后延……

如果你每周都处于这种忙碌状态，那就要做好一周工作安排与落实。通过本章学习，相信你一定可以远离这种状态，从而让工作更加有条理，更加轻松愉快！

第三章　如何安排与落实一月工作

服装店店长工作的事情多且杂，需要协调服装店店员正常工作，如果工作没有做好，将会影响整个服装店的正常运转。每个月的工作有常规的，也有突发的，店长要让自己做到忙而不乱、井井有条，就必须做好工作安排。

第四章　如何安排与落实季度工作

对于一个季度的工作安排，是属于宏观性的，作为服装店店长要对一个季度的重点事项做到心中有数，才能按照季度工作安排做好每月、每周和每一天的工作。

作为店长，每一季度的重点工作都需要有所侧重；但是总的来说，每一季度的工作中又有重复的事情。店长要想让自己能从容应对诸多工作事项，就要将自己的每一季度的工作都做好安排。

第五章 如何安排与落实年度工作

年终又到了，店长要对本年度的服装店工作进行总结，同时要制订下一年度计划，实行年终大检查……

这个时候可以说是店长忙得团团转的时候。其实，你也可以不用让自己显得如此忙碌，比如：提前将年终各项工作做好安排，就可以让每件事情都按照计划进行。当然，预留一定的时间来应对突发事件，可以让你的年终各项工作更好地完成。

导读

365天阶段管理，让你工作更轻松

一、一年365天的时间分配

一年365天，时间是有限的，要怎样进行合理分配呢？作为服装店店长，这是一个必须要考虑的问题。

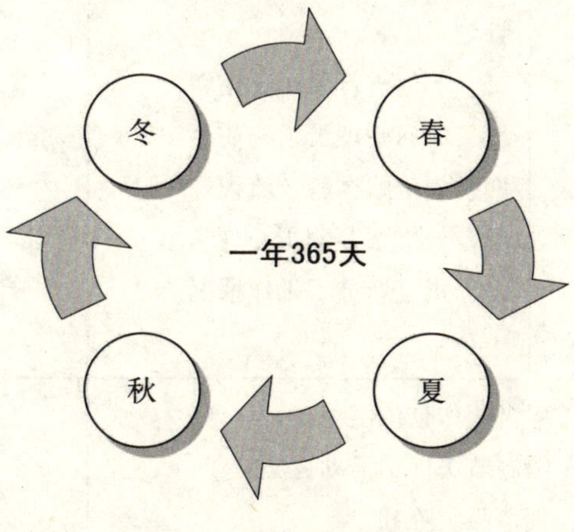

图1　一年365天循环图

二、国家法定节假日

服装店店长要对时间进行合理分配，首先要明确一年中的国家法定节假日。因此，可以先将一年中的国家法定节假日分列出来。一年中常规的国家法定节假日如表1所示。

表1　国家法定节假日

序号	假日名称	放假天数	日期
1	元旦	1天	1月1日
2	春节	3天	农历正月初一、初二、初三
3	清明节	1天	4月5日
4	劳动节	1天	5月1日
5	端午节	1天	农历端午节当日
6	中秋节	1天	农历中秋节当日
7	国庆节	3天	10月1～3日

三、工作时间

工作时间，又称法定工作时间，是指员工为履行工作义务，在法定限度内，在用人单位从事工作或者生产的时间。

（一）工作时间计算

年工作日：365天－104天（休息日）－11天（法定节假日）=250天

季工作日：250天÷4=62.5天

月工作日：250天÷12=20.83天

（二）有效工作时间

有效工作时间就是称职员工完成一件工作的必需时间。如果上班时间为8小时，那么通常情况下，大多数员工的有效工作时间是达不到8小时的，必须扣除等待、无意义的闲聊、串岗或处理私事的时间。

四、阶段工作法

服装店店长可以采用阶段工作法对工作进行安排。什么是阶段工作法呢？这里所说的阶段指的就是一日、一周、一月、一季度、年度各个不同的时间段。服装店店长对每日、每周、每月、每季度和每年度的工作进行规划，做好时间及工作事项安排，对工作进行分阶段总结。

表2　服装店店长阶段工作安排

阶段	工作事项	备注	阶段	工作事项	备注
一日	一、如何制订当日工作计划 二、怎样做好每日形象自检 三、如何开好早会 四、检查员工个人形象 五、带领做好店铺清洁 六、巡视检查店铺商品陈列 ……		一周	一、如何制订一周工作计划 二、怎样主持店员周例会 三、明确店铺日常工作流程 四、如何做好与顾客的初步的接触 五、顾客退换货处理 六、如何做好门店商品补货 ……	
月度	一、制订月度的工作计划 二、如何制订每月排班表 三、做好新员工入职培训 四、店铺防偷盗管理 五、做好店铺存货管理 六、如何做好商品月度盘点 ……		季度	一、制订服装店的季度目标计划 二、如何进行新员工招聘 三、如何受理员工离职 四、规范顾客服务流程 五、分析顾客购买心理 六、跟进新员工工作情况 ……	
年度	一、如何编写年度工作总结 二、如何编制年度工作计划 三、配合编制人员岗位职责 四、规范员工工作流程 五、配合编制服装销售话术			六、配合制作仓位图 七、编制节庆促销活动方案 八、规范服装陈列 九、做好门店现金管理 ……	

第一章

如何安排与落实一日工作

忙！忙！忙！

忙些啥？

忙着进行店面巡视检查，忙着召开各种临时会议，忙着检查各种报表，忙着应对顾客投诉，忙着批阅各种申请报告，忙着准备员工的绩效考核……

作为服装店店长的你，是不是处于以上所述盲目的忙乱状态呢？如果是，那么你就需要做好每天的工作计划了，只有按照详细计划一步步来，才能条理清晰而不至于在手忙脚乱中出差错。相信通过本章的学习，你一定能摆脱这种“穷忙”的困境！

一、如何制订当日工作计划

服装店店长在制订当日工作计划前，要对当日的时间和工作事项进行仔细分析。根据工作事项的紧急性、重要性按先后顺序排列，重要和紧急的最先做，不重要和不紧急的放在最后做，以保证所有事项都能恰当而圆满地完成。

（一）时间清单分析

店长可以将一天的法定工作时间，按照每半小时为一段，进行分段，然后逐项将实际活动事项填入时间清单分析表中，如表1-1所示。在活动事项后面，准确填入该活动事项相应的计划用时、实际用时、超时以及超时原因。

（二）工作事项分析

1．工作清单分析

服装店店长分析一个法定工作日内所做的工作事项，各自用时如何，如果超时，找出原因在哪儿。这可以采用工作清

表1-1　时间清单分析表

姓名：　　　　日期：

序号	时间	活动事项	计划用时	实际用时	超时	原因
1	8:30～9:00					
2	9:00～9:30					
3	9:30～10:00					
4	10:00～10:30					
5	10:30～11:00					
6	11:00～11:30					
7	11:30～12:00					
8	12:00～12:30					
9	12:30～13:00					
10	13:00～13:30					
11	13:30～14:00					
12	14:00～14:30					
13	14:30～15:00					
14	15:00～15:30					
15	15:30～16:00					
16	16:00～16:30					
17	16:30～17:00					
18	17:00～17:30					
19	17:30～18:00					
总计						

注意：一般服装店是营业到22:30，上表排列的是白班的时间

表1-2　工作清单分析表

姓名：　　　　　　　　　　　　　　　　　　　　　日期：

工作事项	计划时间	实际时间	浪费/延误	无计划用时	原因

单分析表（表1-2）进行明确分析。

（1）店长可将所有工作填入“工作事项”栏，包括累计用时超过10分钟的工作。如果没有超过10分钟可以不填入，如果这些事项累计时间超过1小时，就要引起重视，应该在分析表中特别注明。正常事项如检查昨日现金流量表，上午20分钟，下午30分钟，可以将此累计在报表检查这一事项中。

（2）店长要填入具体事项，如“检查店面卫生情况”“听取值班员工对昨日情况的汇报”“处理顾客投诉”等。

（3）店长只要简单说明浪费、延误的原因即可。如与离职员工面谈，预计30分钟，但由于没有把握好本次面谈用时，结果花了40分钟，超时10分钟。

2．工作（活动）分项分析

（1）店长可以将工作清单中的同类事项进行合并，然后填入工作（活动）分项分析表中，如表1-3所示。

随手札记

表1-3　工作（活动）分项分析表

姓名：　　　　　　　　　　　　　　　　　　　　　　日期：

分析事项	计划用时		实际用时		浪费/延误		无计划用时		原因
	用时	排序	用时	排序	用时	排序	用时	排序	
召开门店早会									
店面现场巡视									
打电话订货									
查看去年同期销售情况									
处理火灾等紧急事件									
签订各类需店长批准的文件									
在员工之间进行协调工作									
进行店面安全检查									
……									
总计									

（2）“无计划用时”只计算无计划用时总计数。各项工作活动的无计划用时，是指该项工作活动的实现没有计划时间。

（3）凡是超计划用时或者是记不起来的用时均计入“浪费/延误”中。

3．工作紧急性分析

店长分析出每天各项工作的紧急程度，根据不同程度安排工作先后顺序。可以将工作事项紧急性分为四类，将当日工作进行分类安排，列出一张分析表，如表1-4所示。

4．工作重要性分析

店长将当日工作事项根据重要程度，合理地安排工作用时。同紧急性一样，将工作事项分为四类，即非常重要、重要、不很重要、不重要，如表1-5所示。

（三）制订每日计划表

店长根据前面对工作时间和工作事项的分析，就可以制订一份个人每日工作计

表1-4 工作紧急性分析表

姓名：　　　　　　　　　　　　　　　　　　日期：

紧急性 工作事项	非常紧急 （马上要做）	紧急 （短时间内要做）	不很紧急 （可从长计议）	不紧急 （无时间要求）
设备出现问题，导致柜内物品无法存放	✓			
报告总部，安排维修人员设施设备进行检查		✓		
编制服装店下月排班表		✓		
向总部申请招聘新员工				✓
……				

注：在相应的栏目下打“✓”。

表1-5 工作重要性分析表

姓名：　　　　　　　　　　　　　　　　　　日期：

重要性 工作事项	非常重要 （绝对要做）	重要 （应该做）	不很重要 （可做可不做）	不重要 （可不做）
与总部商讨人员招聘情况		✓		
组织货品盘点		✓		
解决顾客对商品质量投诉	✓			
制订员工交接班管理制度			✓	
……				

注：在相应的栏目下打“✓”。

随手札记

划表。每日计划表可以按照不同标准来制作，如按照时间或工作事项的紧急重要性等。现在，你可以制订一份自己的每日工作计划表，对自己一天事项进行合理安排。在此，提供两份服装店店长的每日工作流程，仅供读者参考。

【范例 1-01】

××服装店店长每日工作流程

序号	流程名称	操作说明
1	早会	（1）讲解上日营业分析 （2）定好个人目标 （3）传达公司市场信息政策 （4）讲解专业知识、技巧 （5）进行角色扮演 （6）了解员工情况 （7）鼓励员工士气 （8）检查员工仪容标准和制服标准
2	开店、安排工作	（1）合理安排员工进行店铺清洁，陈列整理和更换，清理存款 （2）安排员工吃饭休息时间 （3）根据实场实际情况安排员工工作 （4）准备收银台的零钱
3	做整店例行检查	及时发现问题并以解决，如不能马上解决，须记录下来向有关人员汇报，并加以跟进
4	监察全店销售工作	（1）监管店员执行收银程序 （2）看管店内货品安全 （3）处理店铺突发事件 （4）执行换货、退货服务标准 （5）监督并指导店员的销售技巧和顾客服务
5	安排填写相关文件	（1）安排店员分区进行盘点 （2）安排店员补充卖场货品 （3）安排进行货场和仓库的整理 （4）进行环境的清洁 （5）将收银台的钱锁进保险柜
6	关店、安排工作	（1）店铺每周营业分析 （2）货品动态日报表 （3）填店铺营业报告表、断码资料等（星期日）
7	离开	（1）确保店内所有电源开头已经关上 （2）打开门店警报系统 （3）所有员工互相检查 （4）锁好店门

【范例 1-02】

××服装店店长每日工作流程

营业时间类别	具体事项
营业前	（1）全体签到，监督考勤情况，整理着装、仪容仪表 （2）查看网络平台公告信息 （3）查看交接班记录，店长日志确认 （4）组织早会，下达指标，检查仪表，激励员工，传递信息，分配工作 （5）检查进销存账务、收银票据及现金交接记录
营业中	（1）检查卫生及陈列情况　（2）监督和教导店员的行为姿态及服务 （3）随机提醒和检查卖场卫生的维护情况 （4）公布销售进度给予鼓励。带动、调节卖场工作气氛 （5）处理顾客投诉　（6）做库存销售数据分析，下单补货 （7）店员绩效考核　（8）店员思想沟通 （9）维持现场秩序和工作纪律　（10）安排店员就餐 （11）陈列、销售技巧的跟进辅导和新产品知识分享 （12）观察营业工作中的表现，发现问题，作为点评和后期改进计划 （13）店铺设施检查及反馈　（14）准备当班工作交接事宜 （15）准备会议事项　（16）监督跟进店员交接班
营业后	（1）通知打烊准备工作（检查是否有客人滞留更衣室和卖场，做好即将打烊的解释工作及结业前的最后服务）检查试衣间有无遗留的衣物做好记录及移交 （2）安排清点货品，打扫卫生，整理仓库，补充卖场货品 （3）汇总记录当天销售业绩，进销存账务处理 （4）收班例会：总结一天工作，点评工作表现 （5）填写店长日志及交接记录

随手札记

【范例 1–03】

××服装店店长每日工作流程

流程	时间	工作内容
开店门	9:00	（1）人员状况（出勤、休假、人力配置、服装仪容及精神状态） （2）卖场货品盘点、陈列、补货、促销准备、清洁 （3）收银员：收银台、零钱、备用品 （4）了解昨天营业状况（营业额、客流量、平均单价、购买额） （5）早会（宣布当日工作重点）
清洁及盘点	9:15	
早会		
开店前准备工作检查	9:30	（1）开店状况检查（货品、促销等就绪；门口、地面清洁、店堂音乐、温度、灯光照明） （2）当日工作计划（销售、商品、出勤、培训、竞争店铺调查）
开门营业	10:00	（1）营业分析（昨天销售额未达标原因、时段销售分析、店铺缺货/补货分析） （2）营业高峰期掌握：人员调度安排（收银员、导购员）；收银台备用金确保足用；货品齐全及量感化；人员交接班迅速且不影响顾客服务 （3）竞争店调查（同时段的客流量、促销状况、推介产品） （4）协调事项（各人员工作协调、如何完成当日工作指标） （5）教育培训（新进人员在职培训、定期在职培训、配合节庆或促销培训） （6）卖场人员、商品、清洁、促销等环境整改指示
日常事务处理		
检查并协助交接班	16:00	（1）指示交接班注意事项 （2）交代晚班营业注意事项 （3）安排关店前检查事项及关店事宜
协助检查工作		
交接/关店下班	22:30	

【范例 1-04】

××服装店店长每日工作流程

序	时间	项目
早班		
1	8:50～9:00	进入工作岗位，查看工作记录本，了解以下内容： （1）专卖店今日工作目标，销售顾问个人工作目标 （2）昨日工作中的不足之处及改善方法，即昨日工作总结 （3）店务情况及处理，哪些工作需跟进 （4）突发事件及处理 （5）昨日待处理事宜 （6）确认与顾客约定的事宜 （7）促销活动进度，活动时间、货品情况、赠品情况、陈列情况、活动提示标等 （8）确认今日当班人员
2	9:00～9:05	（1）点名，确认有无迟到员工，对迟到者根据公司规定进行处理 （2）检查仪容仪表，对不符合要求者根据公司规定进行处理
3	9:05～9:15	开早会： （1）宣布今日工作事项：当天销售目标；其他工作任务，并确定责任人，保证职责分担清楚；促销活动安排及进度

（续表）

序	时间	项目
3	9:05～9:15	（2）昨日工作总结：昨日突发事件及相关需跟进工作，如何避免再次发生类似情况；昨日工作中的不足，将如何改正、怎样正确处理及避免再次发生；昨日销售完成情况及工作情况 （3）培训员工（内容根据实际需要拟订）：成功案例及销售人员经验分享；相关的商品资讯，流行资讯；商品知识及销售重点说明；新商品介绍；竞争品牌及周边品牌状况，促销活动、销售情况、货品情况、人员情况等 （4）传达公司事项
4	9:15～9:28	（1）参与并安排监督员工揭防尘布、按照点货本点货、完成地面清洁、调整陈列 （2）检查卖场四周有无异常、检查陈列（先检查主陈列面，先前后被的顺序），检查照明设施、后仓、储物柜、通道等地有无异常
5	9:28	（1）准备迎宾，检查员工迎宾到位情况，迎宾时放下手中一切工作 （2）检查员工迎宾站姿、站位是否正确，表情是否亲切自然
6	9:30～9:35	开门迎宾，进入销售工作状态，随时准备迎接顾客光临
7	9:35～10:00	在不影响销售工作的前提下安排人员完成清洁收尾工作，并严格检查清洁完成情况

（续表）

序	时间	项目
8	10:00～11:30	在不影响销售工作的前提下： （1）安排人员完成陈列调整，检查陈列完成情况 （2）检查货品合格证、价签或价格、中文标志等有无错误，是否符合公司标准 （3）检查商品整洁情况，对不符要求商品安排人员进行清洁处理。线头是否清理干净（里、外两部分）没有外露；吊牌是否影藏，没有外露；商品是否平整，是否需要熨烫或进行其他处理；箱包类是否需要添加填充物，有无塌陷，外形是否保持到最佳状态；抛光类产品（眼镜、袖扣、烟具、手机、腕表等）是否无手印或其他污迹 （4）检查皮质商品是否需要上油护理 （5）检查道具是否定时上油护理 （6）跟进未完成工作 （7）跟进与顾客约定事情 （8）协助销售并处理日常事务 （9）检查办公用品及货品是否整齐 （10）随时进行清洁、陈列维护
9	11:30～13:30	（1）安排员工就餐，严禁在卖场、后仓、试衣间等场所用餐 （2）检查员工餐后仪容仪表、口气清新情况
10	13:30～15:00	（1）对当日生日客户进行电话回访：恭贺其生日 （2）与员工交流，了解员工心态，看员工有无困难，是否需要公司帮助

（续表）

序	时间	项目
10	13:30～15:00	（3）协助销售，掌握高峰期的各项资料 （4）处理日常事务 （5）准备开中班会
11	15:00～15:30	（1）进行员工碰头会并举行中班会，通报今日销售完成情况，其他内容同第3项 （2）做好当日工作日志
12	15:30后	下班
晚班		
1	15:00之前	到达店铺
2	15:00～15:30	（1）参加员工碰头会，并参加中班会（内容要求同早班第3项） （2）其他与早班第1项、第2项相同
3	15:30～17:30	（1）安排人员进行清洁维护 （2）安排与早班第8、第10项内容相同
4	17:30～19:30	与早班第9项内容相同
5	19:30～21:00	（1）协助销售，掌握高峰期的各项资料 （2）处理日常事务，了解销售存货情况 （3）检查后仓货品码放情况，避免错放、漏放情况发生，保证码放整齐便于找货 （4）检查办公用品、日常用品摆放情况，保证摆放整体有序

（续表）

序	时间	项目
6	21:00～22:30	（1）做好工作日志 （2）检查货品情况，有无需要补货的商品，确保次日销售 （3）安排人员完成地面清洁 （4）检查交接记录 （5）检查各类报表完成情况，避免失误 （6）检查后仓、货柜抽屉是否上锁，钥匙是否安全妥当，避免安全隐患 （7）检查防尘布遮盖情况 （8）检查各类电源是否关闭，是否存在安全隐患
7	22:30后	下班

备注：店长不当班情况下，可指定人员来完成。

二、怎样做好每日形象自检

服装店店长在每天出门之前，最好在镜子前仔细照一照，看看自己的形象是否“过关”。良好的个人形象，不仅代表个人，还代表了整个服装店。因此，店长必须做好每日形象自检工作。店长可以根据形象自检表，来检查自己的形象是否符合要求。

（一）男员工形象自检

男员工形象自检，具体如表1-6所示。

表1-6　男员工形象自检表

序号	项目	检查重点	备注
1	头发	（1）常洗常剪吗？有无头屑 （2）额前头发是否遮盖眼睛，长短是否合适	
2	面部	（1）脸上干涩或油光光的 （2）是否认真刷牙 （3）是否常刮胡须	
3	衣服	（1）是否适合工作环境 （2）着装端正，肩上有头屑吗 （3）穿新衣服时，精心整理了吗	
4	衬衫	（1）是否干净？平整挺括，无污垢、无斑点 （2）是否平展？纽扣齐全吗？领带干净平整吗	
5	裤子	（1）是否无污垢、斑点，平整挺括 （2）裤子的拉链、纽扣、皮带是否结实	
6	衣袋	（1）衣袋内是否放有纸巾 （2）衣袋内有无棉尘、脏物	
7	手	（1）指甲是否认真修剪了？手及指甲粗糙 （2）手指甲是否干净	
8	袜	（1）脚上的袜子是否干净？每天换洗吗 （2）袜子与衣服的颜色、款式是否协调、适合	
9	鞋	（1）鞋子是否光亮整洁？鞋后跟是否磨损变形 （2）鞋与衣服的颜色、款式是否协调、适合	
10	其他	（1）面带微笑吗 （2）情绪饱满吗	

（二）女员工形象自检

女士形象自检，具体如表1-7所示。

表1-7 女士形象自检表

序号	项目	检查重点	备注
1	头发	（1）头发是否干净整齐 （2）额前头发是否遮盖眼睛？长短合适吗？发型有无妨碍工作	
2	化妆	（1）脸上有清洁、健康之感吗 （2）口红、眼影浓淡适合吗？口红颜色相宜吗（避免使用偏白荧光型口红）	
3	衣服	（1）适合工作环境吗 （2）常洗熨吗？肩上有头屑吗	
4	衬衫	（1）是否干净、平整挺括，无污垢、无斑点 （2）是否平展？纽扣齐全吗 （3）领巾干净平整吗	
5	裙子	（1）是否整洁、平整挺括 （2）有无未绽线散开	
6	装饰品	（1）是否累赘、引人注目 （2）是否佩戴造型奇特的手表	
7	手	（1）指甲认真修剪了吗 （2）手指甲是否太长？指甲油是否过浓或出现脱落	
8	长筒袜	（1）颜色是否适当 （2）是否绽线	
9	鞋	（1）鞋子是否光亮整洁？鞋后跟是否磨损变形 （2）鞋与衣服的颜色、款式是否协调、适合	
10	其他	（1）面带微笑吗 （2）情绪饱满吗	

三、如何开好早会

（一）不可忽视的早会准备

1．确定早会主题

早会要注意主题鲜明，重点明确。如何让店员对早会不厌烦，这就需要早会的主题常换常新。服装店店长可以每周确定一个主题，然后将主题以不同的形式表现出来，从一定程度上可以加深店员对这个主题的理解。

小周是某品牌服装店店长，她每天都会召开早会。针对近期顾客对服务态度的投诉，小周决定本周的早会主题就定为“怎样更好地为顾客服务”。

小莉是店里服务态度最好的店员，因此也特别受顾客欢迎，周一时小周让小莉与大家分享经验，通过一个实例为大家讲述为顾客服务。周二时，小周让一位店员扮演顾客，另一位店员负责接待，然后大家对其进行点评。周三时，大家一起讨论现在的推销方式是否合适，有什么需要改进的地方。周四时，小周对前三天的早会进行了一个总结。周五就请一位店员讲述自己对“为顾客服务”的认识，看看是否有一定的提高。周六在早会中，小周就具体在服务中的一些细节进行讲解，并要求店员在工作中予以运用，以迎接每周的销售小高峰。

通过一周的“服务”主题早会，小周发现店员在工作中的服务意识的确有所提高，店里的销售业绩也同步的得到上升。因此，小周决定对于以后的早会要更加地重视，争取带领全体店员创造一个新的业绩。

2．明确早会内容

不同服装店铺其早会的内容不一样，一般的早会主要确认出勤、齐呼口号、分享个人感想、工作总结、制定目标、服务跟进、交代特别事项等。

3．合理利用各种报表

服装店店长在向店员分析销售情况，就需要借助相关表格。一般店铺早会经常用到的主要是日报表、周报表、月报表、商品入库报表等。

（二）早会主持有技巧

1．严格控制时间

早会的时间一般要控制在30分钟之内，在这期间有固定的项目要做，每个项目的时间通常有规定，往往长篇大论，讲到最后店员都觉得乏味。

通常在早会流程中，留给服装店店长做工作总结和安排的时间只有5～10分钟，这就要求严格控制好时间。要想控制好早会的时间，要把握好早会的主题、为早会规定节奏、合理、灵活地调整早会节奏。

【范例1–05】

服装店销售日报表

店名：　　　　　　　天气：　　　　　　　日期：

序号	服装种类	商品编号	颜色	尺码	数量	零售价格	原价合计	折扣	实绩合计	陈列区域	备注

2．保持互动，达到效果

开早会的时候最好是站成一个“苹果”形。“苹果”形会议是最好的，因为每个都离得非常近，当站成一个“苹果”形时，会有明显的互动气氛，这样，效果肯定会好很多。要鼓励店员参与，让店员积极发言，促进店员之间分享。

3．表达要准确

服装店店长在早会时要尽可能使用口语表达，尽量使用通俗的词句，要注意使用简单明了的短句。不要使用太长的句子，不要使句子有许多修饰语、华丽的辞藻，更加不要让句子的结构复杂，因为，那样的句子很容易让人误解。

4．游戏，活跃气氛

早会中加入小小的游戏环节，可以给店员全新思路，在活跃的气氛中讨论提高服务技能，包括怎样将商品介绍给顾客，怎样接待顾客，将顾客的抱怨降至最低，从而提高商品成交率及成交速度。

【范例1–06】

××服装店早会游戏集锦

游戏名称	游戏方法	分析
抱团打天下	（1）让全体人员肩膀搭肩膀围成一圈，或站成一排。 （2）主持人站在台中。 （3）公布游戏规则，比如我说3，大家要迅速凑成3人的组合，这3个人要抱得紧紧的，不许外来人员侵入；说5，要凑成5人组合。 （4）每次都请被挤出局的人站在一边。 （5）团队蹲下，一、二、三看哪个组起得快。 （6）玩过几次之后，请两个始终被抱在团队中的人上场。 （7）主持人请出局和未出局的人谈一下感想；请起得最快的团队谈一下感想，根据他们说的，总结游戏后的感悟。	通过体验，让员工感受到团队的力量，做事情要大家协调一致，才能在最短的时间里更快地达到目标。
瞎子走路	两人一组（如A和B）A先闭上眼将手交给B，B可以虚构任何地形或路线，口述注意事项指引A进行。如：向前走，迈台阶，跨东西，向左或右拐。然后交换角色，B闭眼，A指引B。	（1）通过体验，让员工体会信任与被信任的感觉。 （2）作为被牵引的一方，应全身信赖对方，大胆遵照对方的指引行事；而作为牵引者应对伙伴的安全负起全部责任，对一举一动的指令均应保证正确、清楚。另外万一指令有错，信任很难重建。

（续表）

游戏名称	游戏方法	分析
串名字	小组成员围成一圈，任意提名一位员工自我介绍部门、姓名，第二名员工轮流介绍，但是要说：我是××后面的××，第三名员工说：我是××后面的××的后面的××，依次下去……最后介绍的一名员工要将前面所有员工的名字、部门复述一遍	活跃气氛，打破僵局，加速员工之间的了解
勇于承担责任	员工相隔一臂站成几排（视人数而定），主持人喊“一”时，向右转；喊“二”时，向左转；喊“三”时，向后转；喊“四”时，向前跨一步；喊“五”时，不动。 当有人做错时，做错的人要走出队列、站到大家面前先鞠一躬，举起右手高声说：“对不起，我错了！” 做几个回合后，提问：这个游戏说明什么问题？	面对错误时，大多数情况是没人承认自己犯了错误；少数情况是有人认为自己错了，但没有勇气承认，因为很难克服心理障碍；极少数情况有人站出来承认自己错了
责任	（1）每队4个人，两人相向站着，另外两人相向蹲着，一个站着和一个蹲着的人是一边 （2）站着的两个人进行猜拳，猜拳胜者，则由同他一边的蹲着的人去刮另一个蹲着的人的鼻子 （3）输方轮换位置，即站着的人蹲下，蹲着的人站起来，继续开始下一局	通过该游戏，让员工明白如何看待责任？当别人失败的时候，有没有抱怨？两个人有没有同心协力对付外面的压力？

随手札记

5．小故事，讲述大道理

服装店店长在早会中采用动人的小故事来说明道理比枯燥的说教效果要好得多。比如，机会是很重要的，服装店店长希望店员能够抓住每个能够提升自己的机会。如果只是千篇一律的说理“机会是可遇不可求的，需要随时做好准备，当机会到来时，应该如何抓住并利用呢……”诸如此类的道理人人都懂，店员是没有兴趣听长篇大论的。但是，如果运用一个小故事来讲这个道理，相信店员更容易接受并且印象会更加深刻。当然，服装店店长需要在平时有意识的准备，多收集一些有关资料。在早会前做好准备，可以做到游刃有余，信手拈来。

6．音乐，保持活力

服装店店长在选择早会音乐时，一定要选择欢快、积极向上、有鼓舞激励作用的，然后隔一段时间更换新的音乐。当然，如果想要选择好的音乐，服装店店长首先要提高自己的鉴赏能力，同时把握音乐的主题，多分析音乐的特点，以便选择适合的音乐与早会主题相符。

四、检查员工个人形象

为了向顾客展现门店的专业形象，店长应不时检查员工个人形象是否符合要求。在此，提供几份服装店员工个人形象标准，仅供读者参考。

【范例 1-07】

××服装店员工仪容及制服标准

一、仪容标准导购员

仪容标准导购员，具体如下表所示。

仪容标准导购员

序号	类别	具体说明
1	姿势	双腿自然垂直站立，不倚靠柜、墙，双手自然下垂于身前或身后相握；挺胸，收腹，目光平视，面带微笑
2	头发	不留怪异头发，选择自然清爽的发型，短发不松散，长发向后束起，尽量露出整张脸；头发干净整齐，无异味；刘海不可盖过眼眉；不可染发
3	首饰	不可戴超过一只以上的戒指；不可戴过大或过多色彩的手表；手镯或手链只可戴一条；项链不可外露；只可戴一对细小、粒状的耳环
4	装扮	女员工必须在上班前完成所有化妆；香水味道以清淡为主；指甲油只能涂透明的颜色；要涂红色唇膏；化妆以清淡为主，给人一种清爽健康的感觉
5	手部	双手干净整洁，无污垢；注意手部皮肤护理，保持洁净；指甲修剪圆润，无甲垢，禁止留长指甲
6	胸章	必须戴在左胸口袋上缘处；必须戴正
7	丝袜	颜色必须与肤色相近；严禁有抽丝现象

二、制服标准

（1）工作时间必须穿着公司提供的制服。

（2）上身制服必须完好及清洁，上身制服纽扣必须全部扣上，如袖长至手腕，必须扣袖钮；上身制服必须保持平整服帖，应经常熨烫。

（3）制服内穿的内衣不可外露，如因天气寒冷而需要加衣服。

（4）袜子必须超过脚跟，色彩应与制服和谐搭配，并保持干净，无破损。

（5）下身裤长以刚到脚跟为准，并且不准折起。

（6）鞋子干净得体，与制服和谐搭配，鞋面保持干净、光亮、无破损；禁止穿休闲鞋和松糕鞋。

五、带领做好店铺清洁

服装店店长在开店前、淡场时段、闭店后需要做好店铺清洁。对于清洁要求，主要包括以下几点：

【范例1-08】

××服装店员工个人形象标准

类别＼性别	男	女
头发	不遮盖五官	不遮盖五官
	梳理整齐，不可太油腻、有头皮屑	梳理整齐，不可太油腻、有头皮屑
	后颈头发长度不可超过衫领顶部	长发及肩的必须束起
	染发色彩不得过于鲜艳	染发色彩不得过于鲜艳
首饰	一只手佩戴戒指不超过一只	
	项链、手链、手表、耳环等饰物与工服搭配有时尚感，但不过于夸张。耳环可佩戴环状、粒状	
	项链、手链不可过长，注意安全隐患	
着装	着公司或商场统一制服；穿着整齐、干净、无破损；鞋面擦干净、无灰尘	
姿势	挺胸，收腹，目光平视，面带微笑；腿自然垂直站立。不倚靠收银台、货柜；双手自然下垂	
其他	指甲必须清洁，长度不超过2mm	指甲必须清洁，长度不超过2mm
	香水、香体露等气味清晰，易于接受	指甲油只能涂透明或淡粉色
		化淡妆，口红、眼影等颜色和谐
		香水、香体露等气味清晰，易于接受
工号牌	统一佩戴在左胸，佩戴端正不歪斜，正面朝外	

（1）玻璃、镜子，金属光面没有指纹和灰尘。

（2）照明设备，道具上没有灰尘。

（3）地板无尘土，胶印，刮痕，湿印。

（4）陈列的衣服没有褶皱。

（5）试衣间干净无杂物，试衣间拖鞋摆放顺序一致，提示牌摆放正确。

（6）收银台内无杂物，所有物料摆放整齐，台面干净无灰尘，无不需要的物品，收银系统正常状态。

（7）POP、系列牌及所有推广、陈列物料无灰尘、无破损、无印痕。

（8）模特上无灰尘、无破损、无印痕。

（9）货区商品吊牌不可外露。

（10）仓库内无灰尘，无堆积杂物品；备仓货架品按规律整齐摆放。

六、巡视检查店铺商品陈列

服装店必须时刻保持干净整洁，为顾客提供一个优美的购物环境。为此，店长每日应该加强巡视。在此，提供一份服装店陈列检查表，仅供读者参考。

【范例 1-09】

××服装店陈列检查表

门店名称：　　　　　　店长或领班签字确认：　　　　　　检查人：

序号	项 目	检查要求
1	服装类陈列	（1）系列：卖场所有的货品按系列分类陈列 （2）区域：货品分男女、配件、鞋区域；服装板墙分三个区域 （3）线的一致：服装板墙陈列货品顶部要成一条水平线，冲击区要成一条水平线，同性别的服装舱位水平线要求一致 （4）平衡：舱位货品陈列格式分绝对平衡（照镜子原理）跟相对平衡（用相同体积不同货品陈列）两种 （5）色彩：同一色块，颜色分布均匀，交替使用亮暗色 （6）重复出样：所有的货品都要重复出样 （7）搭配陈列：陈列手法搭配，道具搭配，货品的搭配陈列 （8）呼应性：POP（海报）与产品呼应，模特的呼应
		挂装由浅至深、尺码由大到小，整齐有规律；方向一致，侧挂末尾件反方向；挂装的领口要对齐，挂放端正
		每叠服装叠放纸袋：3～4件，叠装盒1～3件，一个陈列面内只出现一种形式的叠装；叠装的厚、宽度一致，保持货品干净、整洁；尺码自上至下由小到大

（续表）

序号	项　目	检查要求
1	服装类陈列	所有出样服饰均需熨烫；保证出样货品整齐、单款单色数量相同；同款同色陈列在一起
		店铺挂装不可出现重码（如均为S或均为M），为了保持店铺的整体陈列效果，双加大的服装尽量不出样，可重复一件试穿频率高的尺码代替
		（1）裤类陈列：裤边或裤脚的LOGO接近顾客（裤子正面朝向顾客，屁股面朝板墙） （2）裤夹两侧分夹距离相等，一般长裤要尽量打开悬挂，容易让顾客识别 （3）如需折夹侧挂时要折夹于裤子的1/3处后侧挂展示 （4）裙装和棉料短裤用开放式正挂展示
		衣服裤子的吊牌、绳带隐藏，不可外露
		正确使用男女衣、裤架，注意正反面；衣裤架钩方向一致；保持其间距相等，衣裤架钩的高度要保持一致
2	鞋类陈列	鞋类按类别分类摆放、方向一致；出样鞋每周更换一次左右脚，始终保持鞋子整洁
		（1）鞋墙插条使用正确，鞋子按系列摆放，鞋子标价牌要统一夹挂在统一的位置 （2）鞋子后跟根最外边要分别与鞋托的侧面跟前面成一条直线 （3）鞋款不足时要重复出样纵向陈列于鞋墙上 （4）重点推销的鞋子陈列在POP旁边与POP相呼应
		鞋带使用平系法或交叉系法，鞋带必须从鞋眼上面往下穿，要使交叉的样子大致一样，调整平整后收紧隐藏于鞋舌下，鞋带的松紧要适度，以方便顾客试穿为宜；不能使鞋带遮住LOGO
		鞋类填充陈列、填充物无碎屑、不外露，用楦样纸包裹后填充；鞋舌要位于鞋子的中间位置

随手札记

（续表）

序号	项　目	检查要求
3	配件陈列	陈列过程中球类、袜子、护腕等饰品LOGO向外陈列；所有的球类都要充气以便于专业的顾客试用
		袜子、护腕、头带等陈列丰满，6～8件/个单钩，所有配件要求分清性别陈列
		包类、帽类需填充出样，填充物要适当；吊牌、包带内置隐藏陈列，吊牌处于不正确的位置时要更改到正确位置。包类所有的拉链都要拉好，所有带子要收短系好；帽子陈列前所有的纸板都要拿掉
4	橱窗陈列	陈列主题明确，人物形象画前不陈列模特，可陈列与模特想搭配的配件或鞋款及一些制作的橱窗道具
		模特着装与配饰搭配的色彩、风格诉求保持协调。要求人性化穿着，体现立体感。半身模特一定要穿裤子。半模穿长袖时可用楦样纸卷筒填充于衣袖使其显出形状。注意体现真实感。模特着装是否符合实际库存(如出现穿着断码商品)
		橱窗灯光处理：模特出样完毕，调整灯光，使之照射在橱窗陈列的焦点位置
5	道具陈列	保持店铺道具完整，不损坏，按标准使用道具
		店铺购物通道主次分明，有明显的购物动线
		陈列数量：长U薄类16～18件，中厚型12～16件，厚型棉服8～12件；短U薄类9件，中厚型4～6件，厚型棉服4件；象鼻上薄类6件，中厚型4～6件，厚型3件
6	灯光要求	模特上方的灯光需照射在模特的胸线上，成交叉状照射，使之看起来更有生气
		板墙上方的灯光陈列后照射在产品而非墙面、地面或其他不相干的位置；成交叉状照射在重点陈列款式的板墙上部而非下部
7	宣传品	宣传品使用得当，两季宣传品不可混用，过季宣传品和过期活动海报应及时撤除
		宣传品粘贴标准：要求粘贴在正确的位置，粘贴整齐，不起泡、不起翘、不褶皱，并保持清洁

七、高峰时段协助店员

店长应熟知本店的营业时间，不同时段的销售客流规律，不同岗位人员及其特长。特别是在高峰时段，店长应协助店员做好顾客接待工作。一般服装店的每天有三个高峰时段，具体如表1-8所示。

表1-8　服装店高峰时段

时段＼日期	平日	节假日
第一次高峰时段	11:30～13:30	11:30～13:30
第二次高峰时段	15:00～17:00	14:30～17:00
第三次高峰时段	19:00～21:00	19:00～21:30

店长在高峰时段应做好现场秩序、站位的控制；销售工作的协助、提醒；避免和化解卖场抢单；防范卖场丢失；观察现

场情况，发现问题进行总结。店长在服装店高峰时段，应做好以下工作：

（1）确认各销售区域有足够的人手做销售。

（2）确认各销售员工有按销售服务流程做销售。

（3）关注收银台，不能让客人等待交款。

（4）当有员工在协助试穿及取货时，其他员工及时补位。

（5）员工仓库取货时间不能超过1分钟。

（6）确认卖场上的出样货品在售卖后及时补齐出样货品及尺码。

（7）所有客人都能被照顾(每位员工要做到一个员工同时能照顾三个客人)

（8）确认有专人在试衣间照顾客人试衣，整理试衣间。

（9）及时疏导拥挤的场区，保持卖场通畅。

（10）随时留意卖场整齐度，跟进员工和亲自随手跟进。

（11）关注每位员工的成交率，并及时做跟进，调整状态和人手。

（12）在旺场期间确保收银机有足够的零钱。

（13）随时留意每个场区，需要协助及时提供帮助。

特别提示：

店长和领班在此时段不可以从事行政事务，必须身处销售区域做好检查并激励员工。同时，也不可以安排同事处理非销售以外的事物，不可处理新到货品。

随手札记

八、如何处理没有顾客的闲暇时间

当淡场没有顾客时，店员仍保持正确的服务姿势是一件很痛苦的事情，有时候也是徒劳的，因为顾客不喜欢到非常冷清的、工作人员都站立不动的商店去购物，他们喜欢到气氛热烈的商店去购物。

同样，店长可能也可以听到店员的抱怨“我宁愿忙一点也不愿闲下来，一闲下来都不知道做什么才好。”这句话说明了没有顾客的困难，也说明了许多店员根本不懂得如何利用没有顾客的闲暇时间。因此，店长应指导在暂时没有顾客光临时，店员应抓紧时间做以下工作：

（一）检查卖场和商品

尽管店员在营业前这些工作都已经做过了，但是卖场的卫生可能因为顾客的到来，留下点儿泥土、纸屑、果皮。有些商品原本是完好无损的，可是经过众多顾客触摸之后，也可能受到污损。

因此，店员必须利用没有顾客的空闲时间，随时清理自己卖场的环境卫生，认真检查商品质量，把有毛病或不合格的商品挑出来，尽可能地遮掩或移至相对隐蔽的位置，以防流入顾客手中，影响服装店的声誉。

（二）整理与补充商品

将经过顾客挑选之后的商品重新摆放整齐；查看当天已经卖了哪些商品，有没有随时做记录；随时补充不足的商品；及时更换破损和不足的POP及宣传品；检查货架与商品的卫生。

（三）其他准备工作

如果闲暇时间较长，店员还可以做一些其他的准备工作，如制作商品标签和一些简单的宣传品；学习充实有关商品和商品陈列技巧方面的知识（有些进取、用心的店员会利用自己负责的卖场暂时没有顾客时，细心观察其他店员的销售技巧，学习别人是如何说服顾客购买的，从而以别人之长补自己之短，这是很值得效法的工作态度）；注意竞争品牌的销售状况和市场活动。

九、检查店铺补货情况

服装店80%的销售基本上是20%的库存单位或单品产生的。补货管理也要进行重点服装管理，确保每个品类销售排名靠前的服装陈列丰满，位置突出。补货是指店员将标好价格的商品，根据商品各自既定的陈列位置，定时或不定时地将商品补充到货架上去的作业。

补货可分为定时补货和不定时补货。定时补货是指在非营业高峰时对货架商品进行补充，不定时补货是指只要货架上商品即将售完，就立即补货。服装补货内容可以分为两类：整理服装和补充陈列架上的服装。

首先，如果服装陈列架上的服装不需要补充，就要进行整理服装的工作。具体包括：

（1）将货架上的服装前移。在服装店中，顾客一般先购买陈列架上的前排服装，即直接面对顾客的服装。当前排服装出现空缺时，就要及时将后排服装前移，填补空缺之处，以体现服装店内服装的丰富感。

（2）清洁服装。工作人员随身携带工具，一经发现服装和陈列架不干净，要立即擦净。因为不干净的服装容易使顾客产生不时尚的感觉，使顾客对服装的质量产生怀疑。

（3）检查标签，检查服装质量。在整理服装时，要注意服装的包装是否破损，是否已发生损坏，一经发现要及时处理。其次，如果服装陈列需要补充，就要及时补货上架。

①在陈列架补货时，首先要检查服装上的售价标签是否与陈列架上的价格卡的具体内容相一致。

②上架、补货时，先将该档服装取下，擦净货架，然后按照“先进先出”的原则将原来剩下的服装摆放在前排，新补服装摆放在后面。

特别提示：

由于服装的存货不足无法补满陈列位置，需要采取纵向向前样列的方法，即将服装拿到前方与货架的边缘平齐摆放，使陈列看起来相对充实。绝不允许将服装的库存放在库存区不进行补货而采取向前拉排面的方法进行补货或理货。

随手札记

十、做好早后评估跟进

（一）自我评估

作为服装店店长，在早会中占有一席重要之地，你可能作为主持人来主持整个早会过程，即使不作主持人，你也要做工作汇报和工作安排。因此，店长要对自己在早会中的情况要经常做自我评估，以便改进，能带领整个店铺的早会开成功。

（二）主持人评估

早会主持人由店员轮流来担当。主持人在早会中要带领整个会议的进行，所以，重要性不言而喻。对于早会主持人的评估，也可以列出一个评估表，并将你自己决定如何帮助他改进的想法记录下来。

（三）店员参与度评估

店员参与程度的高低，直接影响早会的效果。店员的参与程度，可以在早会上通过观察他们的表情、体态语言，或者问他们问题时他们的应对情况，就可以有一定的了解。

【范例 1-10】

店长早会自我评估表

序号	具体表现	是否存在以下问题	改进措施
1	门店员工曾误会我的意思	有□　无□	
2	在进行工作安排时我经常离开话题本意跳到别的话题	有□　无□	
3	说话时我很紧张	有□　无□	
4	在会上，总是只有我一个人说话，没有成员参与	有□　无□	
5	讲话结束时，我会问店员是否明白我的意思	有□　无□	
6	我分派工作后他们从不提问	有□　无□	
7	我总是把一件事的前因后果澄清给别人	有□　无□	
8	如果我表达的意思很复杂，令人难以明白，我会事先考虑	有□　无□	
9	我总是问：大家还有什么问题吗	有□　无□	

【范例 1–11】

早会主持人评估

序号	评估项目	评估标准	评估结果
1	精神状态	□精神抖擞 □状态一般 □疲劳、好像没睡醒	
2	问好的声音	□大声、有感染力 □声音大、缺乏激情 □声音小、不够胆气	
3	说话时紧张不紧张	□不紧张、泰然自若 □有点紧张 □很紧张	
4	主持语言的串接	□符合逻辑、很顺畅 □连接平稳 □不太顺畅	
5	与店员互动	□很好 □一般 □还不太会	
6	准备充分与否	□准备非常充分 □准备不充分 □没有做准备	
……			
总体评价			
需改进的地方			
我打算怎样帮助他改进			

随手札记

【范例 1–12】

店员参与度评估

序号	评估项目	评估标准			评估结果
1	问好时的回应声	□大声、整齐、有力量	□有声音但不大、不够整齐	□有气无力、应付了事	
2	精神状态	□精神抖擞	□状态一般	□疲劳、好像没睡醒	
3	听工作汇报、工作安排时的状态	□神情专注、认真思考	□比较专注，但不思考	□交头接耳、不在状态	
4	发言频率	□频繁	□刚好	□太少	
5	发言长度	□太短	□刚好	□太长	
6	发言对早会的影响	□有积极影响	□没有影响	□有负面影响	
7	与会态度（是否鼓励与支持他人意见）	□正面、积极地回应	□回应态度恰当	□不回应	
8	互动游戏的参与情况	□积极、热情、情绪高涨	□不冷不热	□不参与、站在一旁冷观	
9	小故事的讨论参与情况	□积极讨论、发言	□点名要求发言时，会说一两句	□一言不发	
……					
总体结果					
改进事项					

（四）早会工作落实

在早会中往往会有一些有价值的信息或者是一些事先没有想到的事务，在店员的讨论中反映出来。作为服装店店长，不仅要在早会中善于捕捉到这些，更要在会后将这些问题整理出来，并制定一个方案来进行解决、分工到人、明确职责，并定期检查、跟踪、反馈。

十一、员工交接班监督管理

一般服装店都实行二班制营业方式，从9:00至22:30，营业时间长。为了保证店员的工作时间和休息时间，采取15:00交接班的方法。实行交接班制度是为了满足消费者的需要，又能使店员的劳动时间不至于过长。

店长可以根据自己的实际情况，合理安排轮班、串班或连带上班等办法。无论采取何种方法，上下两班都要履行交接班手续。交班店员应把工作中的所销货物名称、数量、价格、货款和所剩余货物的数量、品名、款式、型号、类别以及进货、退货、发票、票证等，清楚地填写在“交接班明细表”（见表1-9）或“每日交接本”（见表1-10）内，并协同接班的店员一一核对，经接班店员检查无误后，交班店员方可离开服装店。

表1-9　班次交接明细表

日期：

日期：	负责人：
交接业绩：　　元　件	班次：　A班　　B班
货品信息：	促销信息：
交接班销售信息：	
店长留言：	员工留言：
阅读者签名：	

表1-10　每日交接本

日期：

日常交接	
重大事件	
客户投诉	
团购情况	
退换货情况	
公司通知/公告	
其他	
人员情况	
缺席、补假、迟到、早退	
表扬或批评	
人员销售前、后一名对比	
销售情况	
当日指标、达成情况	
月销售指标、达成情况	
推广情况	
推广款、销售金额	
销售数量、销售占比	
店铺维修	
损坏处、联系人	
保修时间、完成时间	
补货/到货情况：	
其他：	

十二、及时处理顾客抱怨

（一）了解顾客抱怨的缘由

顾客购买服饰商品的决策因素相当广泛，包括了对于商店印象、店员素质、卖场环境、商品本身、购买过程……各种因素交错形成了对于“购物”的满意预期。当顾客在购物中或者购物后发现实际的现象与心中预期有差异时，便会产生满意或不满意的情绪，如下所示：

（1）满意：实际的现象≥心中的预期

（2）不满意：实际的现象＜心中的预期

顾客抱怨的缘由通常有三个方面，具体如表1-11所示。

（二）顾客抱怨应对心态

店员在日常的服务工作中，即使诚心诚意并且以标准的作业流程来服务顾客，也难免会遇到顾客的抱怨，因此店长应告

表1-11　顾客抱怨的缘由

序号	类别	具体说明
1	商品	(1) 对价格的不满意。如与其他店铺的比较、与预算的比较等 (2) 商品标志不清。这样，会导致商品使用上的困扰。例如，尺寸标示、服饰洗涤方式、是否褪色等 (3) 商品本身的瑕疵。如脱线、欠缺应有的配件、内衬破损等 (4) 商品面料的缺陷。如穿着不适、容易褪色等
2	服务	(1) 收银上的疏忽。如短找现金、误报价格等 (2) 解说不清楚。如质料说明不清，使用注意事项的说明不清等 (3) 不守信诺。如答应事项遗忘或是交接班未交接清楚等 (4) 店员的应对不得体。如回答顾客时专业知识不够、出言不逊等 (5) 店员的服务态度不佳。如对顾客表现出傲慢、轻视、敷衍的态度等 (6) 服务作业失当。如包装作业草率、礼券或提货券兑换不便等
3	卖场	(1) 对卖场环境的不满。如商品随地堆放、陈列架不清洁等 (2) 意外事件的发生。如摔跤、碰撞等

特别提示：

面对顾客的抱怨，首先就要有“感激”的心态，感谢顾客协助店铺注意到了可能疏忽而可以改善的部分。

知其保持正面的心态来面对顾客的抱怨，具体如图1-1所示。

1 保持“感激”的心态

当顾客提出抱怨时，大多数是期望能获得店铺的认同与补偿。店长必须清楚，若是一位顾客已经对于店铺的服务和信誉失去信心时，他是绝对不会反映问题的，因为在他心中已经决定下次不再来了

2 保持“就事论事”的心态

顾客抱怨时往往会在言语或态度上有冲动的情绪，严重者还会有不理性的行为出现，店员在面对此种现象时，应保持冷静，绝不可以有情绪性的反弹，否则将会使事态更加严重。顾客的不满与抱怨乃是针对商店或商品，店员不应加入个人的情绪，应有“就事论事”的心态，耐心地听取顾客的意见

图1-1　顾客抱怨的应对心态

（三）顾客抱怨处理步骤

对于顾客抱怨，其处理步骤具体如表1-12所示。

表1-12 顾客抱怨处理步骤

序号	步骤	处理技巧	行动
1	接受意见	表示关心、接受、诚意	关切地询问、搬凳、递水
2	澄清事实	仔细观察、思考、分析	（1）静心倾听顾客抱怨，专心、耐心 （2）听其言，并观其行，分析顾客言谈举止，捕捉其内心活动，探究不满的原因
		主动发问，了解情况	运用技巧发问，避免冲突。举例： （1）不要直接问家有多远，问“您来一趟，一定花了不少时间吧？” （2）想知道衣服的价格，问“请问你是在什么时候买的？”
3	提出解决的方案	分析双方状况，决定是先提出处理提议，还是让对方提出处理提议。 我方先提出处理提议时利弊；谈话内容有基本的框架，让对方了解自己的想法、意图	（1）若有类似经验，处于相对优势，则先说有利，可抢先划定基准，而且由于有类似经验，处于相对优势，还会根据具体情况适当掌握成交条件 （2）双方条件势均力敌，为争取主动，也应该说 （3）若我方处于劣势，或缺乏经验，则让对方先提建议
4	与顾客就提出的方案进行协商	有困难的话直诉困难，一个唱红脸，一个唱白脸	（1）白脸：捍卫目标，态度坚决 （2）红脸：寻求解决的方法，建议让步
		让顾客说其意愿	“或者您说说怎么可以更好地帮您？”“或者您看看还有什么更好的方法？”“您觉得如何处理才算公平？”
		让步	（1）先进后退，一步到位，呈现大将之风 （2）之前有原则地坚持，在清楚底线后来一次大的让步
5	与顾客就提出的方案进行协商	让步	后退不得以，也求互利互惠 “刘先生，不如这样，我们一人退一步……”
			使对方知道你已达到极限 （1）“以前从未如此解决的，这已是一次例外了” （2）“真的很对不起，这已是我尽最大能力所提供的了”

十三、做好每日店铺盘点

店长需要在每日早、晚及交接班进行店铺大数的盘点，包括仓库。盘点时发现货品差异由店长进行复核，差异确认后及时进行POS数据调整并及时进行亏耗溢余单的录入。“每日盘点表”（见表1-13）由店长签字后妥善保存。

表1-13　每日盘点表

店铺名称：　　　　　　　　　　　　　　　　　　盘点时间：

款号	盘点数量明细							合计数量	单价(元)	合计金额(元)
							特殊码备注			
制单人：				复核：			录入：			

随手札记

十四、做好店铺自检工作

店长在日常巡视时，需要做好自检工作，使店铺随时保持良好的状态。在此，提供一份服装店自检表，仅供读者参考。

【范例 1–13】

××服装店自检表

店铺名称：　　　　店长：　　　　日期：

检查项目	检查标准	检查结果	
		是	否
店外和店内	所有橱窗是否清洁		
	营业时间是否清楚展示		
	店铺外打灯及橱窗照明是否明亮		
	店门是否敞开		
	店铺门头是否清洁		
员工与店铺服务	店员都穿统一的制服		
	店员所穿的制服都干净整洁		
	重要工作是否及时传递给员工		
	向员工报告业绩达成状况及与目标差距		
	是否向店员清楚介绍下到货品的产品信息和FAB		
	交接本填写是否清晰		
员工与店铺服务	员工是否都知道自己的销售表现及业绩完成率		
	是否有完整的当月员工班表		
	店员见到客人进店时，是否都喊“欢迎光临××”		
	店员都能微笑点头，目光接触欢迎客人		
	店员有积极的态度，随时准备为顾客服务		
	店员都能主动做到“望闻问切”		
	店员主动向客人询问需求		
	店员都了解货品库存情况和货品具体摆放位置		
	店员都熟悉FAB知识，能主动向客人展示产品及介绍好处		
	店员很快的拿到客人想要试穿的衣服，鞋子尺寸		
	客人试穿后，店员能给予询问，建议及推荐相关产品		
	客人提出异议时，店员能够进一步解决异议，并促成完成交易		
	店员有主动赞美客人的行为和语言		

（续表）

检查项目	检查标准	检查结果	
		是	否
员工与店铺服务	店员有主动为客人推荐系列搭配产品，进行附加推销		
	店员有主动用到补零式进行附加销售		
	店员有主动运用家人朋友推广式进行附加销售		
	店员有主动用新品或推广方式进行附加销售		
	店员是否主动向顾客进行售后服务介绍		
	客人有排长龙等待结账		
	收银过程中，收银员是否微笑，唱付唱收迅速、准确		
	店员是否有主动欢送致谢		
操作过程	按照标准流程完成收银工作		
	对账记录是否保存完整		
	现金存取记录是否保存完整		
	备用金交接清晰		
	仓库是否干净整洁		
	仓库的陈列架上是否都有清楚准确的标志		
	仓库里货品是否按男女、运动系列、款式分类存放		

（续表）

检查项目	检查标准	检查结果	
		是	否
操作过程	最畅销的货品是否临近门口摆放		
	退货商品分开存放		
	补货商品核对后已妥善存放		
	商品在1分钟内就能找到		
	保存、更新主要竞争对手的业绩与重要信息		
	邮件接收及公司交办事项是否都及时回应和处理		
	当季重要文件(陈列指引、FAB手册)是否都保存完整		
	顾客投诉是否有回应，是否有完整的保存记录、跟踪与处理		
	缺货是否都有及时的补货，补货单是否有上传		
	是否使用店铺管理表格来执行和检查店铺工作		
	待改进工作是否完成		
展示标准	店铺是否干净整洁		
	玻璃、镜子、金属板是否都没有灰尘		
	陈列的衣服有没有褶皱		

（续表）

检查项目	检查标准	检查结果	
		是	否
展示标准	每件商品的价钱是否正确使用		
	不同商品是否对应合适的衣架		
	衣架的间距是否相等		
	商品尺码是否由小到大排列		
	叠装是否折叠整齐		
	收银台的各规格购物袋数量足够		
	侧挂两端的产品是否都正确朝外		
	试衣间是否清洁没有杂物，镜子是否干净		
	收银台是否清洁整齐，没有堆放不相关的物品		
	橱窗中陈列的是否当季的产品，也陈列在店铺的主要销售区		
	模特的摆放位置是否正确，模特身上的产品店内存货是否齐全		
	是否严格执行当期市场或促销活动		
	正确使用市场或促销物料		
	产品按性别、运动品类、商品故事包摆放		
	陈列的道具及器架数量是否合理		
	重点商品是否摆放眼睛水平线同高处		
	产品的陈列与POP内容是否相符		

（续表）

检查项目	检查标准	检查结果	
		是	否
展示标准	模特穿着与周围服装是否搭配		
	产品陈列是否与系列指示牌相吻合		
	是否能明显找到主推产品		
	店铺陈列调整(每周两次)		
	射灯是否直接射在主推商品上		
	所有灯具都正常使用		
	器架上的系列标志非常清楚，没有人任何物品挡住		
	海报没有被任何东西挡住		
	POP是否都是应季的		
	促销POP都按照标准正确执行		
	是否在使用公司提供的影音内容		
	音乐的音量是否合适		

十五、及时填写店铺日志

店长必须每天填写日志表并把关键内容与员工分享。同时必须妥善保留和保管日志。如果店长临时有事或不在，将由店长助理负责填写。在此，提供一份服装店日志，仅供读者参考。

【范例1–14】

××服装店日志

店铺早会前30分钟填写			
日期		天气	
填写人		楼层	
早班负责人		晚班负责人	
销售分析			
店铺月目标			
当月完成销售			
达成率			
时间进度			
实际销售进度			
今日销售目标(分楼层)			
销售连带率目标			
销售连带率达成			
货品及推广			
店铺畅销20款库存金额、数量			
店铺滞销20款库存金额、数量			
楼层畅销5款销售金额、数量			
楼层滞销5款销售金额、数量			
促销推广款、赠品库存金额、数量			
今日主推产品(店铺、楼层)			
新到重点货品FAB介绍			

（续表）

服务跟进		
赞赏/学习点		
人员安排		
当天人员排班	区位安排(各楼层填写区位表)	
上午班		
下午班		
项目	时间段	
店铺、楼层销售目标	10:00～14:00	
达成		
差异		
店铺、楼层主推广产品销售数量	14:00～18:00	
店铺客流		
分楼层客流		
目标调整	19:00～22:30	
销售达成方法、方案		
晚上闭店后填写		
楼层分布	销售数量/金额	服装、鞋、配件销售数量/金额
1楼		
2楼		
3楼		
4楼		
合计		

- 一日工作安排与落实
- 一周工作安排与落实
- 月度工作安排与落实
- 季度工作安排与落实
- 年度工作安排与落实

管理心得

管理心得，其实是服装店店长对自己个人工作的总结。可以是对某一个事件的看法，也可以是某一项工作的实施计划；可以是成功的经验，也可以是失败的教训。

我的日管理心得

已办事项	
未办事项	
待办事项	
通过这一天的工作，我最大的收获是：	

第二章

如何安排与落实一周工作

新的一周又开始了，该怎样来做好这一周的工作呢？仔细想想，本周有哪些主要工作：缺货商品进行确认追踪；要对本周销售情况进行分析；需要做好成本控制与管理工作……

事情这么多，怎样才能理清呢？仔细看看，哪些必须在第一时间内完成，哪些可以稍微往后延……

如果你每周都处于这种忙碌状态，那就要做好一周工作安排与落实。通过本章学习，相信你一定可以远离这种状态，从而让工作更加有条理，更加轻松愉快！

一、如何制订一周工作计划

（一）每周时间分析

服装店店长可以从周一到周五，连续进行工作（活动）分项分析，将其统计结果分别填入表2-1。误差就是实际用时与计划用时之差，无计划的工作事项，计划用时则计为零。

表2-1　每周时间分析表

时间 活动	计划用时									实际用时									误差
	周一	周二	周三	周四	周五	周六	周日	总计	排序	周一	周二	周三	周四	周五	周六	周日	总计	排序	
召开店员周例会																			
店面巡视																			
向总部汇报上周经营情况																			
查看去年同期销售情况																			
组织开展促销活动																			
商品不定时盘点																			
与供应商沟通协调																			
……																			
总计																			

特别提示：

对于每一周的工作事项，你可以参照第一章中一日计划里对工作事项的相关分析，将工作按照紧急重要性进行安排，确保完成重要工作。

（二）制订工作计划

有些工作要周一做，有些工作要周二做，那么店长如何安排一周的工作时间呢？其实，你可以制订一个周计划表，对一周时间进行合理分配。表2-2是××服装店店长的周工作计划表。

二、怎样主持店员周例会

店员周例会一般定为每周一上午召开。所有店员参加，店长主持。店长不在

表2-2　周工作计划

序号	工作内容	阶段目标	目标完成时间							责任人
			周一	周二	周三	周四	周五	周六	周日	
1	组织安排新员工培训	带领新员工参加总部培训	○	○						
		开展本店新员工培训			○	○				
2	检查商品情况	检查商品质量情况				○	○			
		检查商品缺货情况						○		
3	商品损耗分析	内部损耗分析	○	○	○	○				
		外部损耗分析	○	○	○	○	○	○	○	

时由店长助理主持召开。会议除了回顾本周工作、安排下周工作以外，有时候还要研究一些专门的问题，如服装销售流程、顾客退货处理等。一般来说，店员周例会有以下几个方面的内容：

（1）店长助理通报分析上周服装店财务经营情况，并与前周比较，与上个月和上一季度的同期比较。

特别提示：

店长要分析并检查询问店员上周工作完成情况，布置安排本周工作，内容主要有以下几个方面：人员安排协调；本周工作重点；通报总部研究决定的有关问题和工作要求等。

随手札记

（2）值班店员分别通报上周顾客投诉情况和上周服务质量的讲评分析，特别是每周的投诉率的分析。

（3）值班店员通报上周销售情况和本周销售预测预报。

不过，让许多店长苦恼的是，周例会并没有达到预期的目标，反之遭到员工的抵触。如果是这样，店长则要思考原因何在。怎么才能开好周例会，提高周例会质量。在此，提供一份服装店店长开好周例会经验总结，仅供读者参考。

【范例 2-01】

××服装店店长开好周例会经验总结

根据公司总体工作目标的分解，把各个岗位的周工作计划制定抓紧抓实，做到目标清晰、责任明确。以此作为开好周例会、提高周例会质量的基础和前提。

一、强化周例会纪律

（1）每周必须召开，可以采取多种多样的形式。

（2）由例会主持人（正常情况由店长、店长助理主持）作为周例会责任人（保证例会按时召开；保证参加会议人员无特殊情况不缺席；保证按规定程序人人发言；保证会议记录真实、准确、全面；保证会议纪要不弄虚作假）。

（3）主要围绕周工作计划完成情况进行。

（4）无特殊情况不许请假。

（5）到会者必须按设计的程序发言，能够量化的工作一定要用数据表示，所有工作问题不能用“大概”“几乎”“假如”等模棱两可的语言表达，态度要明确，界面要清晰，不争成绩、不推责任、不做老好人。

（6）每个人必须带好笔和记录本，并且按会议记录格式做好与自己工作有关内容的记录（散会时会议责任人检查）。

（7）专人做好整个会议记录。会后3小时内整理出会议纪要（电子版和纸质版），一份存档，一份交上级领导。会议纪要必须列出：哪些已经完成的工作向上级汇报，哪些工作问题需要上级的支持才能完成。

二、例会流程

（1）根据周工作计划汇报工作完成情况。

（2）对没有完成的工作做出说明（什么原因没有完成，什么时候能够完成，用什么办法完成，需要上级或者其他部门什么支持）。

（3）下周的工作计划是什么（完成计划可能碰到的问题和需要的支持）？

（4）有什么合理化建议。

三、明确店铺日常工作流程

作为店长，需要明确整个店铺的日常工作流程，以便更好地指导店员的工作。在此，提供一份服装店日常工作流程，仅供读者参考。

四、如何做好与顾客的初步的接触

有的店员不知道如何与顾客初步接

【范例 2-02】

××服装店日常工作流程

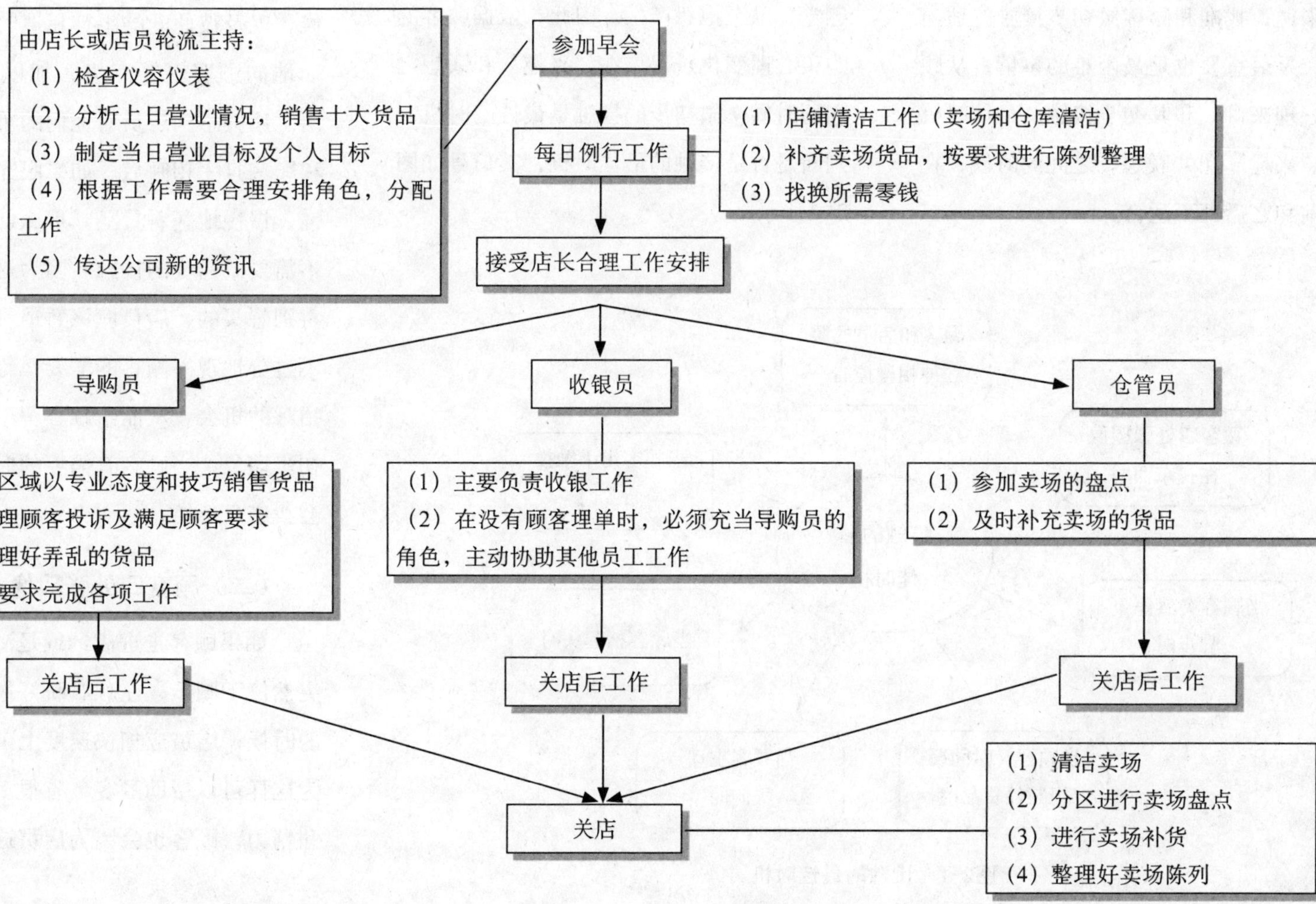

触，店长需要加强对其在此方面的培训。因此，店长自己必须掌握此类知识。对于店员来说，找准和顾客做初步接触的适当时机，是最重要也是最困难的事情。从顾客的心理来讲，和其初步接触的最佳时机是在“兴趣”和“联想”之间的时候，在此之前和之后都不适合。

如果店员在顾客“联想”之后才去招呼顾客，其就会产生被冷落、不重视的感觉，以至抱怨产生。因此，依据顾客的购买心理变化过程，在“兴趣”和联想之间的时候，做初步的接触是最佳的时机。判断是否是接触的最佳时机，其信号如图2-1所示。

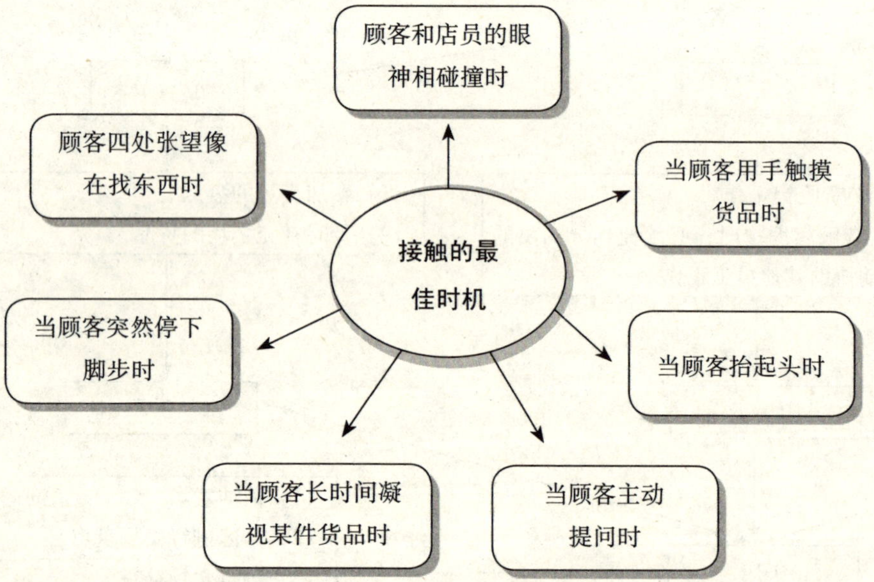

图2-1　接触的最佳时机

（一）顾客和店员的眼神相碰撞时

当顾客光临店铺或浏览货品的时候，以及彼此间的眼神相遇时，店员应主动地向顾客轻轻点头，加以礼貌的问候语。让其感到店员对他们的重视。店员在和顾客打完招呼后，如果眼光还在注视店铺，慢慢地翻看货品。那么此顾客就暂时不需要做初步的接触。因为这种顾客没有特别想买的，店员应该暂退一边，细心而不过分地观察顾客的需要，等待下一个打招呼的机会。从而给顾客留下一个极好的初步印象。当顾客有需要的时候，就一定会找店员帮忙。

（二）顾客四处张望像在找东西时

如果顾客走进店铺或是浏览的过程中突然停下脚步，左顾右盼好像是在找什么的时候，店员应加快速度上前打招呼，因为这样可以帮助顾客节省很多寻找的时间和精力。顾客也会因为店员这样热诚而感到十分的高兴。

（三）当顾客突然停下脚步时

在店铺里面边走边看货品的顾客，突然停下脚步注视着某件产品的时候，是店员和顾客打招呼的最好时机。如果顾客已经找到某种其想要的货品，但是没有店员过来招呼，那顾客就会有可能走开，再继续浏览其他的货品。

在这时，店员一定要留意顾客注视的是哪件产品，然后很快地帮顾客拿过来并能够趁热打铁地针对这件货品的特征、优点等做一番详细的解说，这样就可以收到很好的效果。如果判断错，有些顾客就会不理睬店员了。

（四）当顾客长时间凝视某件货品时

这个正是和顾客打招呼的良机。因为，顾客会花很长时间只看某件货品的时候，说明了顾客对这件货品非常的感兴趣，有时候会很快的产生了“联想”。店员如果在与顾客打招呼时，要注意接近顾客时的角度，最好能与顾客面对面的接触，并且可以兼顾到货品。店员绝对不能从顾客的背后突然冒出一句话来，吓顾客一跳。因为这会把顾客不知不觉的联想打断，从而降低其购买欲望。

（五）当顾客用手触摸货品时

顾客对某种货品抱有兴趣时就必定会用手去触摸、拿在手上看，甚至会在向上比试、有试穿的欲望。此时的初步接触，就不要在顾客一触摸货品时就开始，那样做只会显得过于唐突和无礼。

如果顾客刚刚触摸时店员就开口说话，不仅会吓顾客一跳，还会令顾客产生误会，感觉一直在监视着他，产生厌恶的感觉。因此，店员可以稍等片刻，再从侧面走到他的视线内，轻声地招呼他们。如果有必要的话，店员可以给予顾客一些动作的暗示，可以乘机整理附近凌乱的货

随手札记

品，再伺机搭讪。不过，店员不必啰唆地使用客套的话语，而应直接对着顾客刚才触摸过的货品做适当、简单的解说，促进顾客的联想，刺激顾客的购买欲望。

（六）当顾客抬起头时

当顾客注视或翻看货品一段时间后，突然把头抬起来的原因有两个：一是不再感兴趣了，想要离开；二是向店员张望，想进一步问有关某种货品的事情。如果是第二种原因，店员就应该立即和顾客

> **特别提示：**
>
> 把握好初步的接触时机，不但可以挽留想走的顾客，增加购买的概率，还可通过倾听顾客不想购买的原因，为自己积累经验和店铺积累宝贵的顾客信息。

沟通接触，再加以游说，那么就有机会可能成功。如果是第一种，店员应该当机立断的上前去，亲切热情地对顾客说："这件衣服不太适合您，不过我们这有一款，我觉得蛮适合您的气质，您看……"。

（七）当顾客主动提问时

顾客主动提问、询问有关货品的情况，说明了其对该货品已经非常感兴趣了，店员在回答的时候，就应该详细的为顾客介绍。

除了以上举例的一些信号之外，店员还可以找到很多与顾客沟通的机会，顾客和同伴边指着货品边在交谈的时候；顾客把手上拿的东西放在地上或柜台时；顾客一直朝着货架走去时等等。但是不管在什么的情况下，当顾客需要时，就能得到及时的沟通。

如果遇到或觉察到一种脾气较急躁类型的顾客时最好随他们自由选择，等待对方发问时再上前为其说明讲解商品的特性，否则就较难以应付。

五、顾客退换货处理

在服装销售过程中，退换货现象时有发生，店长一定要掌握服装店退换货技巧与程序，才能够避免在退换货的过程中发生纠纷，或者影响服装店铺的正常营业。

按通常情况来说，顾客要求退货，主要有三种情况，一是产品有缺陷，有质量问题；二是产品本身质量完好，但是产品过时，技术落伍，顾客反悔了；三是在质量保证期内被退回，要求更换。店长对于不同事件一定要区别对待，理性分析。

（一）产品本身的质量问题

对于有质量问题的产品，店长一定要无条件、第一时间给予退换，从而避免影响品牌的形象和店铺的信誉。顾客认为所购买的服装存在质量问题，首先应得到

相关售后检测点或生产厂家的质量鉴定。如果确实属于商品质量问题，同时在国家规定的三包期限内，店长应为顾客办理退货或者换货手续。如果不给予退货而激怒了客人，直接会把矛盾激化，反而得不偿失。

（二）顾客购买后反悔的服装

对于服装类产品，一般都是顾客因为当时的折扣比较低而盲目地去买，之后却发现不合适才去退的。这种情况不仅会给门店造成不必要的损失，还会影响正常销售。因此，店长对于此类特殊服装销售前要制定合理的退货政策，并告知消费者。对于退货条件、退货手续、退货价格、退货比率、退货费用分摊、退货货款回收等方面以及违约责任，制定标准，利用一系列的约束条件，平衡由此产生的成本和收益。

（三）在质量保证期内被退回

不同的服装具有不同的质量保证期，一般来说，店长应明确自售出服装之日起多长时间以内（售出日期以发票出具的时间为准），如需要退换货，必须保持服装的全新状态、完整包装及所有的附件（含主服装、赠品及其附件、内外包装箱、销售凭证、发票等）。如果服装配件有遗失或缺损时，在退换货时需支付相应费等规定。

特别提示：

店长在处理过程中，不能对顾客正当的换货要求不理睬，不能用逃避责任的方法来道歉。店长要同意换货并要高兴地表示同意，不要在表情和语言上露出不满。否则就算把事情解决了，顾客也不会领你的情，因为没有达到缓和顾客与导购员之间矛盾的目的。

随手札记

尽管退换货虽然是个比较常见而且令人犯难的老问题，但通过积极灵活的方法还是可以解决并预防的。在此，提供几份服装店有关顾客退换货的规定，仅供读者参考。

【范例 2-03】

××服装店顾客换货管理规定

一、货品质量问题

如顾客投诉所购买的货品有质量问题，经店长或组长检查后情况属实，参照下列程序处理：

（1）换取店铺同款同色同码，且无质量问题的货品，一件换一件。

（2）如客人无法接受同款货品，可提供加钱（或等值）换购一件或一件以上货品的服务，但有如下注意事项：

①如客人需换货品没有减价，可以凭其单据上所列金额换取店铺上的正价或特价货品。

②如客人需换货品已减价，则按换货当时货品在店铺所标价格，换取特价或正价货品（可一件换多件）；或按其单据上所列金额换取店铺里未减价的商品（可一件换多件）。

③如客人未能挑选到足额货品调换，或对其他货品均无法满意，可考虑退还差额，甚至是全额退款（此项仅限于店长级以上人员掌握，顾客需有购物证明单据，同时记录详细资料给公司）

二、货品非质量问题

如顾客投诉所购买的货品非质量问题，参照下列程序处理：

（1）顾客须在购物日起七天内，凭购物单据至所购专卖店换货。

（2）货品要保持吊牌标签完整，并未经穿着、弄污、人为损坏、洗涤及修改，如有发现货品经穿着、弄污、人为损坏、洗涤、修改过，专卖店有权不予换货。

（3）如客人需换货品没有减价，可以凭其单据上所列金额换取店铺上的正价或特价货品（可一件换多件，需补足差额）；如客人需换货品已减价，则按换货当时货品在店铺所标价格，换取特价或正价货品（可一件换多件）；或按其单据上所列金额换取店铺里未减价的商品（可一件换多件）。

（4）非质量问题的货品调换不享受退款服务！

（5）如未能现场鉴定是否质量问题，可连同货品收据及换货报告，送交公司质检部检验；需提示客人此过程要的时间段（一般需7天时间）。如果是外地顾客需及时处理则可即使请示店长或上级主管。

三、其他事项

（1）在销售过程中，导购员必须提醒顾客保留购物单据，以便在购物日起七天内方便处理换货服务。

（2）顾客换货后应将购物单据收回，妥善保管备查。

（3）若顾客不小心遗失单据，专卖店将不能提供退款服务。但在不影响货品的二次销售及能明确原购买金额的前提下，可在店长掌握下予以换货！

【范例 2-04】

××服装店顾客换货管理规定

一、退换货处理基本要求

（1）售出的货品型号不对或有质量问题，一周内可办理退换。

（2）售出一周之后一月之内扣除相应天数的折旧费，一月之后不予办理退货。

（3）折旧费计算方法：按原销价×1%×购买天数。

（4）如所调换产品价格低于原货品价格，顾客可挑选其他货品补充，直到与原货品价格持平，如价格不足，专卖店一概不赊欠、不退款。

（5）如所调换产品价格超出原产品价格，顾客需支付超出金额。

（6）因人为使用、穿着不当造成产品破损，不在退换货范围内。

（7）退换货要在公司允许的换货比例和时间内，并且要保持产品的包装整洁、完整。

二、退换货注意事项

（1）保持微笑，有礼貌、有耐性。

（2）查询及聆听对方退换货原因。

（3）礼貌地请顾客出示收据，并检查顾客带回的货品状况。

（4）如符合退换要求，应按照退换货原则办理手续。

（5）对新取的货品，应请顾客试穿或检查质量。

（6）退回产品款项后，应填写“退款单”。

三、退换货品时的用语

（1）好的，我帮您换一下，您看换哪一件好呢？

（2）没关系，我帮您换一件。

（3）请原谅，按规定这是不能退换的。

（4）对不起，这是货品质量问题，我们可以退换。

（5）对不起，您这种货品已经使用过了，不属质量问题，不好再卖给其他顾客了，实在不好给您退换。

（6）对不起，由于我们的疏忽给您添了麻烦。

随手札记

（7）您这件货品已经买了较长时间，现在已经没货了。如确属质量问题，我们包退包换。

六、如何做好门店商品补货

店长需要做好门店商品补货工作，以免出现断货影响店铺的正常销售。

（一）补货流程

（1）了解店铺现有货品的库存情况，确定需要补货的具体款式和数量。

（2）填写补货单（见表2-3），注意单据填写要清晰准确。

特别提示：

所补货品的数量一定要合理，补货的数量确定与货品的销售量、库存量及货品的运输期有直接的关系。

表2-3　补货单

日期：

款号	类别	色号	42	44	46	48	50	52	54	56	58	数量	零售价	合计
			38	39	40	41	42	43						
			32	34	36	38								
合　计														
其他：														

(3) 将填写好的“补货单”(见表1-1) 传至公司调配部。

(4) 跟进调配部及仓库对“补货单”的处理情况。

(二) 需要补货的依据

当货品的周转期小于货品的运输期时:如A货品3天销售了45件,库存为45件,所以A货品的周转期为三天而从公司运送货品到店铺需要的时间为5天的时间。运输期明显大于货品的周转期所以此款货品需要补货。

(三) 确定补货数量的依据

预估货品的销售期,如A货品还可以再销售3周的时间,而你现在库存的货品还可以销售3天的时间,若店铺可以存放及公司货量充足的情况下一般会在店铺预留一周左右的货品存量。因此A的补货量:

平均日销量运输周转期+1.2/1.3倍的节假日销售升浮=55+251.2=55件

七、如何做好来货检验

店长需要做好来货检验,以此保证货品的质量。在此,提供一份服装店来货检验流程,仅供读者参考。

【范例 2-05】

××服装店来货检验流程

流程阶段	具体内容	重点/要点	备注
接获仓库的来货通知以后	(1) 及时的整理店铺存货,做好接货的准备 (2) 安排相关接货人员	来货的具体时间,来货的大致货品明细	
到货时	(1) 清点来货的包数是否与通知的包数相符,若不符联络仓库 (2) 检查来货的包装是否完整,有无破损,如有应对破损的包裹当场开包验检	(1) 仔细,认真 (2) 注意包数的确认 (3) 仔细检查是否有破损	
验 货	依据“来货单”对货品进行验检,出现差异时应由店铺负责人与验检人一同再次检验	(1) 仔细核对“来货单” (2) 验货时不要占用过大的卖场空间,以免影响顾客购物	
验货后	及时将需要的货品补充到卖场,并认真填写收货回执,于规定日期内返回公司	及时上货紧密跟踪来货差异的处理进展来货单据汇总归类	
注意事项: (1) 验检货品时注意一定要仔细认真,特别是实际到货的尺码与“来货单”的尺码是否相符。验检的时候也要注意来货中有没有脏残货品混入。 (2) 在卖场验检的时候要特别注意,顾客对新到的产品都有好奇性,可能会随意地将没有验检的货品当成正在销售的货品进行试穿,因此在卖场验检货品的时候一定要有专人协助。			

八、做好库房检查工作

店长需要做好库房管理，查看库房摆放是否符合要求。在此，提供一份服装店库房摆放标准，仅供读者参考。

【范例 2-06】

××服装店库房摆放标准

类别	摆放标准
仓库货品	（1）货品按照大类—小类—款号—尺码的顺序集中摆放 （2）所有货品必须都有包装袋包装，小件商品分类保管 （3）包装袋与货品一起摆放 （4）脏残品单独摆放 （5）陈列道具以及衣裤夹分类单独摆放在干燥的地方，避免损耗 （6）仓库干净整洁，避免鼠残
服装	（1）按男女分两大区（标记） （2）再按系列分小区 （3）系列小区中再按款式（如棉服装、T恤、风衣、裤子等）分大块区（标记） （4）每款再按颜色分小块区（标记） （5）最后按尺码大小、按从小到大从上到下号（吊牌翻出，衣外面朝上）
鞋	（1）按男女分两大区（标记） （2）再按系列分小区（标记） （3）每款中再按颜色分小块区（标记） （4）最后按尺码大小，按从下到大从上到下号（把鞋盒有标记那面冲外） （5）出样鞋请突出标记好（不要注明样鞋字样，可用圆圈表示）
器材	按品类分块区，摆放整齐、位置合适，不影响其他工作

九、及时处理紧急事件

紧急事件是指一些突然发生于店内的事故，可引致人命伤亡或中断店铺的正常操作及对店铺财物损毁，因此店长必须清楚所有店铺安全及紧急事件处理细节，并指导店铺员工，从而有突发性事件能采取适当措施，保护员工、客人及公司的财物。

（一）处理突发事件目标

店长在处理突发事件时，应尽量将公司损失减至最低；慎重、冷静处理，不要发生错误；令顾客对店铺的服务留下良好的印象。

（二）安全须知

店长需要让店员明确相关的安全须知，如：

（1）店内客人多时，全体员工要团结互助。

（2）发觉有可疑客人时，应通知主

管或其他员工。

(3) 顾客退换货时，要认真检查货品，防止被调换。

(4) 记下可疑客人的特征。

(5) 连续假日、特殊气候（风雨夜）、附近施工时，要提高警觉，尤其是关店时更要留心。

(6) 大钞应随时收入保险柜，收银机内不要放置大量现钞。

(7) 开门或关店均要大家一同进入或离去。

(8) 关店前应检查厕所、仓库及其他易藏身处。

（三）提前做好相应安排

作为店长，一定要提前做好各种紧急事件的安排，以便事件发生时可以从容应对。在此，提供几份服装店紧急事件应对措施，仅供读者参考。

【范例 2-07】

××服装店紧急事件应对措施

一、停电

收银员应迅速关闭收银柜，切断用电设备的电源及所有视听器材，员工准备手写单销售；安排人员把守门口，婉拒进店客人；立即取应急灯给正在试衣的客人使用；各区同事把守各区货品，店内非值柜人员全体参与巡场；设法完成正在进行中的交易，委婉地劝说正在卖场参观的顾客先暂且离去，通电后再来。

二、暴风雨

门外及门口的模特、货架向后撤；开启门口的射灯；门口准备水桶供顾客放雨具；铺上厚纸皮于门前；准备好排水工具；准备纸巾给顾客擦手、脸。

三、盗窃

要提醒入店顾客照管好自己的财物，顾客试衣时要提醒将自己的物品随身携带；发现有盗贼（或形迹可疑的人）入店时及时提醒全体员工提高警惕（可

随手札记

用内线）；明确发现偷窃，即刻拨打“110”。

四、火警

可控制火警，应立即使用灭火器（平时培训考核时，所有员工要学会灭火器的使用并知道灭火器的位置），同时留意卖场混乱时货品的安全；不可控火警，即刻拨打119，同时疏散顾客并将保护顾客的安全放在首位。

五、伤病

店员生病，受伤时，店长或主管应安排另一位同事陪同去医院。顾客生病安排位置让其休息，并通知其家人。

【范例 2-08】

××服装店紧急事件处理

一、火险

（1）火势在控制范围内时使用店内的灭火器进行灭火，并及时通知公司。

（2）若无法控制火势，第一时间拨打119火警电话。

（3）镇定的组织疏散店内顾客至安全地带。

（4）在确保安全的前提下将可以挽救的公司财务转移至安全地带。

（5）在消防人员没有到达之前维护好现场的秩序，防止个别人趁乱破坏公司财物。

二、抢劫

（1）不做任意的惊叫和无谓的抵抗，以确保顾客和自身的安全。

（2）不必试图说服抢匪。

（3）在不影响人身安全的前提下，尽可能地拖延时间。

（4）在抢匪实施犯罪的过程中应尽力记住抢匪的外貌和特征。

（5）抢匪离开后应立即报案，并尽快地通知公司有关人员。

（6）小心的保管好现场的完整性，不要破坏抢匪接触过的物品和设施。

三、盗窃

（一）非工作时间发生的盗窃

店铺被盗，第一时间联络公司相关负责人，同时拨打110报警电话。不要破坏案发现场，保持现场原样，等待处理人员的到来。

（二）工作时间发生盗窃

（1）务必确定所关注的对象正在实施或已经实施了盗窃行为，如果在模棱两可的情况下不要轻易采取行动。

（2）使用暗示性的告诫：可以用含有提示性语言的问句来告诫有盗窃行为的顾客。

如：先生/小姐，不好意思，我相信您还有一件货品忘记交款了吧?

先生/小姐，不好意思，本店的产品是不允许带出店外的。

先生/小姐，如果您不方便的话可以把您放在包里的货品先寄放在我们的前台，这样可以方便你选购其他的产品。

（3）若对方拒不承认，如果有确凿的证据可以确认对方的盗窃行为，在交涉无法进行的情况下致电110请警方来处理。

（三）防盗注意事项

盗窃者一般分为惯盗与一般盗窃。

（1）惯盗通常是多人协同盗窃，日常销售时注意形迹可疑的人，盗窃者通常会左顾右盼，目光不是留意产品而是其他购物的顾客，盗窃者一般会经常的光临店铺但很少购买的产品。

（2）一般盗窃者多是普通的顾客，因为私欲的驱使而产生盗窃行为，因为他们的恐惧心理较强，在对待此类顾客的时候，可以制造理由将其带到远离其他顾客的地方进行交涉，对方比较容易妥协并承认盗窃行为。

四、停电

（1）检查是否“跳闸”重新开启后查找造成跳闸的原因。

（2）如不是跳闸的原因致电公司求助。

（3）停电时间长(超过15分钟)，在白天的时候，可以继续营业，但注意将人员平均的安排在卖场的周围确保卖场没有死角。

（4）若在晚上突然停电，应马上请店内的所有人在原地不动等待应急灯具的启动或用店铺准备的手电进行照明指引。

（5）离门口最近的员工应马上到门口进行看守。

（6）所有员工听从负责人的指挥观察并照顾自己周围的顾客。

（7）提醒已经选择好货品的顾客按照旁边的导购的引导完成购买。

（8）其他顾客应在店员的引导下有序的离开店铺，离开店铺时员工可以提醒顾客“十分抱歉因为发生了特殊情况，请将你的货品和购物小票一同出示后离开店铺，多谢合作！”

（9）了解停电原因并联络公司相关负责人，若确定无法恢复供电则安排闭店。

（10）若不久恢复供电，暂停止营业对店铺的货品进行清点，没有较大差异后再恢复营业，并在关店后仔细对货品进行盘点确认有无失货。

随手札记

【范例 2-09】

×× 服装店火警应对措施

事前工作	（1）编制“店铺消防防护小组”名单，并送交一份给上级相关主管备查 （2）定期保养及检查各项消防设备，如果灭火设施发生故障或性能过期，应随时向上级相关主管反映，以便立即处理 （3）由店长定期集合全体员工，讲解灭火设备的功能、使用方式以及逃生的基本常识 （4）经常检查所有疏散信道级安全门，不可阻塞、遮住逃生标示或在营业时间将安全门上锁 （5）提醒员工不要忽视任何小火苗；绝对禁止乱丢烟蒂；养成下班前，随手关抽风机和各项电器设备的习惯；注意电源插座及电线插头有无松动或损坏，如有应随时报告店长（主管）处理 （6）定期（至少每季）举行防火演习，并要求店员一同参加，每次演习时应通知各辖区消防主管单位派员指导
事中工作	1. 发生重大火灾时 （1）立即报告店长（视状况转报上级相关主管），立即拨打“119”，通知所有员工按平时训练时程序操作，立即疏散店内顾客迅速离开现场 （2）听从总指挥（店长）或消防人员的命令行事 （3）保持镇定按照平时消防演习，执行本身工作 （4）迅速将现金及贵重财物放进保险箱上锁 （5）听从总指挥（店长）或消防人员的命令行事 （6）保持镇定按照平时消防演习，执行本身工作 （7）迅速将现金及贵重财物放进保险箱上锁 （8）除电灯外，关掉所有电器设备 （9）在不危害自身安全下，协助以灭火设备救火 （10）受伤的顾客或员工立即送医处理
事中工作	2. 一般火警处理 （1）发现小火警，立即向店长报告 （2）利用就近的消防设备，迅速扑灭火势。注意不要因为收集现金或救火，而危急自身安全 （3）如有浓烟出现时，应匍匐在地上爬行迅速离开现场。（因为离地面20厘米，氧气仍存在，不会妨碍呼吸） （4）尽量避开电器设备，不要用手或身体触摸 （5）不要使用电梯，尽量由逃生门或楼梯疏散
事后工作	1. 发生重大火灾时 （1）离开卖场后，到附近指定地点集合 （2）总指挥（店长）应于到达指定地点后，迅速清点人员 （3）未得消防人员许可，不可再次进入火灾现场 2. 一般火警处理 （1）如店长未到，火势已扑灭，仍须向店长报告经过 （2）店长应于了解状况后，向上级相关主管提出报告 （3）清点财物的损失，编列清册 （4）检讨火灾发生的原因，应变处理过程的缺失，以为日后改善的依据及方向

【范例 2-10】

××服装店电源中断应对措施

事前工作	(1)紧急照明灯，手电筒等事先通量储备 (2)装置必要的自动发电机 (3)掌握电力公司有计划的停电信息并预做准备
事中工作	(1)发生停电现象时，店长应立即打电话给管理处营业所，询问停电原因及停电时间多长 (2)做好下列保安措施： ①店长立即将金库及店长室锁好 ②收银人员迅速将收款机抽屉关好，仅以手工记账并加派员工疏散顾客 ③店长应迅速将人员分配至收银台附近及卖场里，防止顾客有趁机偷窃的行为发生 ④以客气的语调安抚顾客，并请顾客谅解因停电所带来的不便 ⑤指派店长助理或其他干部两人以上在后门把关，防止人员因有机可乘，而发生不良的行为
事后工作	(1)检查店铺内外是否有异常的状况 (2)清查店内的财物和商品 (3)待一切恢复正常之后，再开始营业

【范例 2-11】

××服装店水浸应对措施

事前工作	(1)保持每日给予检查相关水源开关 (2)注意检查店铺各个排水口
事中工作	(1)如是漏水，立即关闭总水掣，用布块或胶带扎好水管裂缝 (2)假如是厕所淤塞，立即用麻包、纸皮置于厕所，然后停止使用厕所 (3)店外爆水管或大雨造成水浸，立即用防水闸、木板或沙包置于店前知行政部尽速清理店前渠道，以便疏通水流；分配店员继续抹干水浸地方；关闭有可能受水浸影响的机器电掣 (4)有可能受水浸影响的货品搬移较高地方 (5)如有需要，请顾客暂时离开 (6)切勿以湿物触动店内任何电器，切勿在湿滑地面上走，以免滑倒
事后工作	(1)填写“特别事项报告表” (2)通知上级领导或有关人员

【范例 2-12】

××服装店盗窃应对措施

事前工作	（1）保持警惕性，如觉得有可疑客人时，应通知主管或其他同事 （2）顾客退换货时，要认真检查货品，防止被调换
事中工作	（1）观察。发现窃嫌时，立即盯梢并注意其行踪并且确定窃嫌离开收银柜台后，商品仍在窃嫌身上。如果不确定，绝不可将窃嫌拦下 （2）只有在窃嫌离开店铺营业范围以后，才可拦截，并且立刻通知店长报警。阻止嫌犯时，应由两位以上的人员执行，以为人证。其中一位应与窃贼同性别 （3）拦截要礼貌地请窃赚到指定的处理地点，不要在街上或店内讨论。并对他说"对不起，麻烦跟我至办公室一趟，我们需要你帮忙澄清一些事情！" （4）除阻止窃嫌逃跑外，不可使用暴力，更不可对窃嫌进行搜身 （5）如果窃嫌不止一人，必须逮捕拿有赃品的窃嫌，并且确知赃品是在何处被窃嫌转交他 （6）拦住他人，并指控其未付货款，是一项很大的控诉，因为必须经过查证之始可动作，千万不可轻举妄动
事后工作	（1）由店长（主管）负责在指定地点处理质疑窃嫌的工作，同时必须有两位以上的店员在现场作证，其中至少有一位人员与窃贼同性别 （2）要求窃嫌主动将为付款的商品放在桌上，不要对窃嫌搜身 （3）利用质疑处以外的区域联络警察局，并告知报案人的姓名、店名、地址、事情的全部过程，并要求对方前来协助 （4）在警察尚未到达前，必须要求窃嫌填写声明书，提供窃嫌之个人资料，并签名表示一切陈述属实 （5）警察到达后，将窃嫌交给警察，由警察做进一步的查询。警察有权审核事件证据确凿与否 （6）如果警察认为此事证据不足，不可与之争辩，因为警察有权审核事件证据确凿与否 （7）特殊情况则必须向上级相关主管报告 （8）所有"窃盗声明书"，均须存盘备查，定期整理

十、编制周排班表

店长需要负责编制好下一周排班表，以便让店员合理安排支配时间。店长在编制排班表前，需要知道所在店铺的总人数；新旧员工的比例；每位店员的工作能力；每天营业额最高的时段；开铺、收铺时间；本周是否大型推广活动；周六、日外，本周是否其他节假日；店员是否特别申请。

当然，店长在编制排班表时，需要注意新、旧员工及能力有差异的店员要编制合理；太相熟的店员不要安排同一个班次；人手安排要与繁忙时间配合，有必要可安排特别班次；星期六、日尽量不要安排店员休息；避免有店员上急转班；每天安排休息人数合理；在此，提供几份服装店的周排班表，仅供读者参考。

【范例 2-13】

××服装店排班表（周）

序号	职务	日期 姓名	1	2	3	4	5	6	7	备注

备注：

（1）上班的时间段安排：A班（8:45～15:30）；B班（15:00～营业结束）；
C班（10:30～21:00）。

（2）卫生督导的职责。

（3）一周卫生安排。

十一、店铺道具日常维护

店长需要做好店铺道具日常维护工作，以便维持店铺的正常运营。在此，提供一份服装店道具日常维护规范，仅供读者参考。

随手札记

【范例 2-14】

××服装店道具日常维护规范

类别	操作说明	注意事项	备注
货架	（1）金属制品：除尘时使用干净的棉布为抹布，擦拭干净即可 （2）玻璃制品：平常清洁时用湿布或报纸擦拭即可 （3）亚克力板、POP牌：除尘时可用干净的湿棉布擦拭，再以软质的干布料擦拭。如表面有油污，可用洗洁精加水，以软质布料擦洗，再用干布擦拭干净即可	（1）金属制品：不可以用水或带有酸性的液体冲洗和擦拭，防止生锈，以免影响货架的外观及使用 （2）玻璃制品、压克力板、POP牌：如有污迹可用肥皂水或洗洁精清洗，再用布擦拭干净即可。不要用尖硬的物体用力碰撞玻璃或用尖锐的物体在玻璃面摩擦，使玻璃损坏或划伤，以免影响使用及外观	按周期定时清理货架上的灰尘及污迹
形象物品	用鸡毛掸子挥去发光台表面的灰尘	各展示台不亮光和清洁时要关闭电源，以保证安全（电源区要保持干燥）	不要用带水的布去擦电源区
灯具	（1）店铺营业前，依次将每回路电源开启 （2）灯具处于正常工作状态时，不要频繁开启关闭电源 （3）当灯具在不知何种原因导致的电源断电后，灯具应冷却20分钟以上，灯具再次通电同样不能正常工作的时间，请不要再尝试。应及时找持有专业技术资格证书的专业电工进行检测 （4）当遇到灯具光源变色、光损严重、自行重复启动关闭时，应找持有专业技术资格证书的专业电工对光源进行更换 （5）如果确定灯具需要清洁，要先断开此灯具所在配电支路的电源开关或保险丝，并确保灯具、光源冷却才能进行 （6）店铺下班后，请依次将每回路电源关闭	（1）营业前、后灯具的开关 （2）使用中与正常清理过程中的事项 （3）正常维护与特发事件的处理 （4）严禁用水或其他水性清洁剂对灯具进行清洗 （5）灯具壳体只能使用稍有湿度的软布或纸巾进行清洁并保证干燥后再重新使用 （6）灯具光源不能使用有湿度的软布或纸巾进行清洁，如果有必要进行清洁，只能使用干燥的纸巾进行清洁	（1）当遇到灯具冒烟、燃烧的突发事件时，应第一时间关闭所有回路 （2）当遇到电工无法判断出产生问题的原因时应及时与供应商沟通解决
模特	模特有污迹时，请用湿布清洁模特，细小的污迹可用橡皮擦进行清洁	（1）有污迹，千万不要用化学水擦拭（天那水） （2）有局部掉漆请用配发的修补液涂补	定期使用湿布清洁模特

十二、做好一周销售分析

店长需要每周对门店的销售情况进行分析，以便及时了解最新的销售情况，如畅销款、滞销款、缺货款等，采取针对性的应对措施。怎样才能对一周的销售情况进行汇总分析呢？最简单的方法便是采用销售分析表，当然进行的前提是每天做好销售情况记录。在此，提供几份服装店周销售分析表，仅供读者参考。

【范例 2–15】

××服装店一周销售分析表

店名：　　　　　　　　　　　　　　　　　　　　　　　　　　　　店长签字：

经营分析	标准店名		时间		周期占比	
	本月目标		累计销售		完成占比	
	本周目标		完成占比		今周目标	
	本周实际完成		店铺总人数		平均人效	
	鞋类总销量		服装总销量		配件总销量	
	鞋类库存总量		服装库存		配件库存总量	
	鞋类销量占比		服装销量占比		配件销量占比	
	鞋类库量占比		服装库量占比		配件库量占比	

（续表）

一、本周每日销售分析

日期	上周销售	本周销售	升跌	当日单数	每单金额	每日件数	每件金额	每单件数	连带率	迎宾次数	成交率
周一											
周二											
周三											
周四											
周五											
周六											
周日											
合计											

二、畅销款与滞销款分析

鞋子

畅销排名	款号	销售	库存	金额	周转期	滞销排名	款号	销售	库存	周转期
1										
2										
3										
4										
5										
6										
7										
8										

（续表）

9										
10										
服装										
畅销排名	款号	销售	库存	金额	周转期	滞销排名	款号	销售	库存	周转期
1										
2										
3										
4										
5										
6										
7										
8										
9										
10										

三、促销活动反馈及调研								
活动类别	活动内容	活动时间	销售数量			销售金额		
			上周	本周	对比	上周	本周	对比
推广A								
推广B								
推广C								

（续表）

<table>
<tr><td>推广类别</td><td>活动内容</td><td colspan="3">本周活动销售数量与总销售数量占比</td><td colspan="3">本周活动销售金额与总销售金额占比</td></tr>
<tr><td>推广A</td><td></td><td colspan="3"></td><td colspan="3"></td></tr>
<tr><td>推广B</td><td></td><td colspan="3"></td><td colspan="3"></td></tr>
<tr><td>推广C</td><td></td><td colspan="3"></td><td colspan="3"></td></tr>
<tr><td colspan="2" rowspan="3">推广活动分析</td><td colspan="2">活动分析a:</td><td colspan="4"></td></tr>
<tr><td colspan="2">活动分析b:</td><td colspan="4"></td></tr>
<tr><td colspan="2">活动分析c:</td><td colspan="4"></td></tr>
<tr><td colspan="2" rowspan="7">推广活动反馈</td><td rowspan="5">竞争品牌</td><td>主题</td><td colspan="2"></td><td>效果</td><td></td></tr>
<tr><td>主题</td><td colspan="2"></td><td>效果</td><td></td></tr>
<tr><td>主题</td><td colspan="2"></td><td>效果</td><td></td></tr>
<tr><td>主题</td><td colspan="2"></td><td>效果</td><td></td></tr>
<tr><td>主题</td><td colspan="2"></td><td>效果</td><td></td></tr>
<tr><td rowspan="2">其他品牌</td><td>主题</td><td colspan="2"></td><td>效果</td><td></td></tr>
<tr><td>主题</td><td colspan="2"></td><td>效果</td><td></td></tr>
</table>

<table>
<tr><td colspan="7">四、急需解决的问题及督导反馈落实表</td></tr>
<tr><td>主要工作事项</td><td>要求</td><td>完成时间</td><td>督查人</td><td>直接负责人</td><td>奖惩制度</td><td>备注</td></tr>
<tr><td></td><td></td><td></td><td></td><td></td><td></td><td></td></tr>
<tr><td></td><td></td><td></td><td></td><td></td><td></td><td></td></tr>
<tr><td></td><td></td><td></td><td></td><td></td><td></td><td></td></tr>
<tr><td></td><td></td><td></td><td></td><td></td><td></td><td></td></tr>
<tr><td></td><td></td><td></td><td></td><td></td><td></td><td></td></tr>
</table>

备注：以上表格已自动设置数字值,请各店长认真填写以上空白数据。

【范例 2–16】

××服装店一周销售分析表

数据类分析	本周任务	本周销售	周完成率	累计销售	月任务	月达成率	环比销售	对比	同比销售	对比	备注
	销售件数	累计件数	客人数	客单价	件单价	连带率					

VIP分析	周新增VIP	月累计VIP	办卡种类				新VIP销售	新销占比	周VIP返销	返销比	备注
			钻石卡	金卡	银卡	积分卡					

人员分析	姓名	周任务	周销售	完成率	连带率	客单价	件单价	上周销售	上涨下降	月任务	月销售	完成率

（续表）

<table>
<tr><td rowspan="15">货品分析</td><td>本周销件</td><td>本周进货</td><td>本周返货</td><td>本周调拨</td><td>本周库存</td><td colspan="7">店铺货品统计</td></tr>
<tr><td rowspan="2"></td><td rowspan="2"></td><td rowspan="2"></td><td rowspan="2"></td><td rowspan="2"></td><td></td><td></td><td></td><td></td><td></td><td></td><td></td></tr>
<tr><td></td><td></td><td></td><td></td><td></td><td></td><td></td></tr>
<tr><td colspan="12">畅销款分析</td></tr>
<tr><td>款号</td><td>上周销售件数</td><td>目前库存数量</td><td>补货情况</td><td colspan="8">卖点分析</td></tr>
<tr><td></td><td></td><td></td><td></td><td colspan="8"></td></tr>
<tr><td></td><td></td><td></td><td></td><td colspan="8"></td></tr>
<tr><td></td><td></td><td></td><td></td><td colspan="8"></td></tr>
<tr><td></td><td></td><td></td><td></td><td colspan="8"></td></tr>
<tr><td colspan="12">滞销款分析</td></tr>
<tr><td>款号</td><td>上周销售件数</td><td>目前库存数量</td><td colspan="9">卖点分析</td></tr>
<tr><td></td><td></td><td></td><td colspan="9"></td></tr>
<tr><td></td><td></td><td></td><td colspan="9"></td></tr>
<tr><td></td><td></td><td></td><td colspan="9"></td></tr>
<tr><td></td><td></td><td></td><td colspan="9"></td></tr>
<tr><td colspan="13"></td></tr>
<tr><td rowspan="4">竞品调研</td><td>品牌</td><td>周销售</td><td>月销售</td><td colspan="7">推广活动方案</td><td colspan="2">差值</td></tr>
<tr><td></td><td></td><td></td><td colspan="7"></td><td colspan="2"></td></tr>
<tr><td></td><td></td><td></td><td colspan="7"></td><td colspan="2"></td></tr>
<tr><td></td><td></td><td></td><td colspan="7"></td><td colspan="2"></td></tr>
</table>

（续表）

周部署	本周任务分解								
	本周任务	星期一	星期二	星期三	星期四	星期五	星期六	星期日	备注
	本周活动推广方案：								
	联单目标以及达成方案：								
	VIP开发与维护方案：								
	周工作推广计划：								
总结反馈									

【范例 2–17】

××服装店畅销、滞销产品分析表

产品现状							
畅销、滞销产品表述(款号、运动类别/故事包、价格、主色调)到货日期、数量、销售数量(到货至今销售数量、上/下半周销售数量)大围销售情况(数量)调拨、退、脏残情况							
陈列现状							
现陈列位置(店铺、板墙)现陈列位置周边环境情况(主色调、平均价位段) 调整计划							
调整方案							
陈列调整方案 产品计划							
收银统计	周一	周二	周三	周四	周五	周六	周日
每日销售数量							
综合分析							

十三、每周自我反思

店长在每周工作结束时，除了要做好工作总结外，还应该进行自我反思。每周工作总结是针对服装店整体工作，而自我反思则是针对自己的。

店长是服装店各项事务的最高负责人，其工作主要是管理，也就是与服装店内外各级人员如服装店员工、顾客等沟通交流，以完成服装店的工作。既然是与人交流，就难免会出现沟通不畅或是其他问题，如某天同一位店员沟通时，过于急躁，以至于发生冲突，可能会伤害到该店员的自尊心。

店长应不断反思，将这些问题如实记录下来（见表2-4），寻求改进方法，避免在以后的工作中犯同样的错误。

表2-4　服装店店长每周自我反思

日期：

内容 星期	个人问题	解决方案
周一		
周二		
周三		
周四		
周五		
周六		
周日		

随手札记

一日工作安排与落实

一周工作安排与落实

月度工作安排与落实

季度工作安排与落实

年度工作安排与落实

管理心得

管理心得，其实是服装店店长对自己个人工作的总结。可以是对某一个事件的看法，也可以是某一项工作的实施计划；可以是成功的经验，也可以是失败的教训。

我的周管理心得

已办事项	
未办事项	
待办事项	
通过这一周的工作，我最大的收获是：	

第三章

如何安排与落实一月工作

服装店店长工作的事情多且杂，需要协调服装店店员正常工作，如果工作没有做好，将会影响整个服装店的正常运转。每个月的工作有常规的，也有突发的，店长要让自己做到忙而不乱、井井有条，就必须做好工作安排。

一、制订月度的工作计划

（一）月度工作重点指引

一年有12个月，每个月店长都有大量工作要做，如审查各类报表、巡视服装店、培训员工、参加各种会议等。为了使工作变得有条有理，店长可以制订月度重点工作表，将每个月重点要做的事情列在表上予以特别关注、优先处理，从而避免完全陷进日常琐事中。表3-1是××服装店店长的月度工作重点指引。

特别提示：

当然，你可以根据自己的实际情况来编制一份自己的月度工作重点指引表。在编写中要仔细思考，所安排的这些工作是否符合实际情况，若不符合，要及时修改。

表3-1　月度工作重点指引表

月份	重点工作	备注
1月	（1）组织完善服装店各项管理制度 （2）督促做好春节期间的促销工作 （3）做好服装店年度预算工作	
2月	（1）召开店员安全会议 （2）新员工招聘工作 （3）对新员工进行入职培训指导	
3月	（1）接待相关部门安全卫生检查 （2）组织安排服装店商品季度盘点 （3）总结服装店第一季度工作并制订下一季度工作计划	
4月	（1）开展服装店安全大检查工作 （2）检查并完善服装店服务规范	
5月	（1）组织老员工培训工作 （2）督促做好母亲节促销活动 （3）开展服装店内部促销活动	
6月	（1）督促做好儿童节、父亲节的促销活动 （2）组织安排服装店商品季度盘点 （3）总结服装店第二季度工作并制订下一季度工作计划	
7月	（1）建立服装店突发事件应急处理预案 （2）检查并整理顾客资料	

（续表）

月份	重点工作	备注
8月	（1）组织服装店优秀员工旅游 （2）举行服装店周年庆祝活动	
9月	（1）安排员工生日庆祝会 （2）组织安排服装店商品季度盘点 （3）总结服装店第三季度工作并制订下一季度工作计划	
10月	（1）全力组织服装店员工十一促销 （2）实施服装店设施设备管理新规定 （3）开展节能环保工作	
11月	（1）审查本年度工作业绩 （2）年度顾客投诉处理情况分析	
12月	（1）指导服装店店员做好年终总结及下年度工作安排 （2）组织安排服装店商品季度盘点 （3）对服装店员工进行年终绩效考核	

（二）月度工作计划

店长确定了每个月的工作重点之后，就要具体制订每个月的具体工作计划。在此，提供几份服装店店长月度工作计划（如表3-2所示），仅供读者参考。

随手札记

表3-2 月度工作计划

序号	工作内容	阶段目标	目标达成时间				责任人
			第一周	第二周	第三周	第四周	
1	检查服装店设备	修理或更换已损坏的设备	○				
2	抽查商品质量	确保商品质量合格		○			
3	收集顾客意见表	根据顾客意见改进服装店工作中不完善的地方			○		
4	参加新员工入职培训	向新员工仔细介绍服装店概况		○			
5	开展服装店安全大检查	检查出已损坏的安全设施，及时检修或更换		○	○	○	
6	准备本月工作总结和制订下月工作计划	了解本月服装店经营情况，对不完善的地方注意改进				○	
	……						

【范例 3-01】

××服装店店长工作计划（月）

一、任务分配

本月总目标25万，按照公司的要求分摊到每一组分别为：第一组10万；第二组8万；第三组7万，现在店面共有店员四人每一组任务已平均分配到每个人身上，确保合理分配，并激励员工按照每天任务向前赶月目标进度。

二、人员分配

将店铺每天的工作按照员工特点分配，合理利用人力资源。每人每天至少五名试穿顾客，至少成交两单，提高试穿率及成交率。因2月是春季新款刚上市的时候，我会组织大家背款号了解货品，积极调整陈列，让顾客感到耳目一新。

作为高端品牌服务是不可或缺、重中之重的，在提高人员服务水平，加强服务意识教育的同时，注重销售人员的言、谈、举止等综合素质的提高，更好地为顾客着想，减少投诉。

三、经营管理

1. 加强商品进、销、存的管理，掌握规律，提高商品库存周转率，不积压商品，不断货，使库房商品管理趋于科学化、合理化。

2. 因店铺进商场之初没有进行装修及形象设计，希望公司于春节后及时制订升级店面形象的计划，我会积极配合公司做好装修期间一切工作。

3. 利用节假日做文章，多做些促进销售的活动，如新品满额赠礼品等吸引顾客眼球的活动。因为品牌刚进入××市场，与其他在××已成熟品牌竞争缺乏竞争力的主要原因之一就是固定的顾客群，建议公司可以做一些鼓励顾客办理会员的优待政策，如入会有赠品等，我们会紧紧抓住有潜力的顾客，发展成为本品牌会员。

4. 积极抓住大宗、集团购买的接待工作，做好一人接待，全面协调，让顾客感到热情、贴心的服务。

5. 为了保障完成任务所指定的内部管理制度：

（1）店铺员工要做到积极维护卖场陈列，新货到店及时熨烫。

（2）工作时间电话必须静音，且接听私人电话不得超过3分钟。

（3）无论任何班次必须保证门口有门迎，且顾客进店后必须放下手中任何工作接待顾客。

6. 为了完成任务业绩需上级领导给予货品与活动方面支持，保证每款不断码及大量赠品支持。

以上是我对2月份工作的计划，有不足之处请领导指正。

二、如何制订每月排班表

（一）制订排班表的要求

服装店店长必须做好每月的排班工作。在制订排班表过程中，店长还要确定服装店每天的值班人员。店长不在服装店的时候，值班人员就是服装店最高负责人，因此店长应高度重视对值班人员的安排工作，一定要选择最合适的人选。

（二）制订排班表

店长可将排班内容填入表中，如表3-3所示。

表3-3　排班表

序号	姓名	日期/职位	1	2	3	4	5	6	7	8	9	10	……	31

三、做好新员工入职培训

店员自身素质的高和低，服务技能和服务的好坏，是影响店铺形象及营业额的最重要的因素之一。因此，新员工在上岗前，店长要做好至少需要让其接受以下八项基本知识的培训，具体如图3-1所示。

1. 公司情况

   充分了解所在公司的历史状况、得到过哪些荣誉、产品研发与质量管理、售后服务承诺的内容，以及公司未来发展方向等事项、货品在市场上的行情、流通路径等

2. 行业和常用的术语

   对公司与行业知识的充分了解，不仅可以增加店员对商品的归属感，更可以增加店员在销售服务应对时的信心。因为这两项知识都是非常重要的辅助销售要点

3. 产品知识

   将产品名称、种类、价格、特征、产地、品牌、制造流程、材料、质量、设计、颜色、规格、流行性、推广要点、使用方法、保养维护方法等基础知识牢记在心

4. 竞争产品

   在工作过程中，店员应利用闲暇的时间，随时注意同行竞争对手的举动，如销售额、销售方式、市场活动、价格变动、新货上市等，并将这些情况反馈回上级

5. 工作职责与工作规范

   只有透彻理解自己的工作职责和工作规范，随时注意自身的仪容仪表、服饰穿着，才能更好地为顾客服务

6. 顾客特性和购买心理

   由于顾客个性化、差别化的消费需求，店员应该站在顾客的立场上去体会他们的需求和想法，只有充分了解不同消费者的购买特性和购买心理，针对其不同需求，才能够更好地向其提供建议

7. 销售服务技巧

   对销售工作有新的认识，不能停留在狭义的传统观念，以为是等顾客上门后才打招呼、销售货品的时机。店员应努力学习并灵活地运用接待顾客时的基本用语、应对技巧及处理顾客抱怨等事情

8. 商品陈列和展示

   根据商品的色彩与展示特征，采取条例式或对比式的陈列来加强货品的美感和质感，以达到顾客购买欲望的目的。店员要懂得运用色彩、灯光等来配合货品的体积、造型、外观作为吸引人的陈列展示

图3-1　新员工入职培训的八项基本知识

除了以上所讲的应该掌握的知识以外，在服装店举办促销活动时，店长也一定要通过活动前的培训，详细地了解活动的目的、时间、方法、产品知识（用于新产品促销）细节，并领取各种促销宣传品和活动用具方便执行促销活动。在此，提供几份服装店新员工培训方案，仅供读者参考。

【范例 3-02】

××服装店新员工培训方案

时间	培训内容
第一天	（1）自我介绍（2）要求记商品价格（3）折衫、认识尺码 （4）提醒新同事明天会考核
第二天	（1）考核昨天学习内容（2）礼貌与同事打招呼（如中午好、谢谢） （3）打招呼、笑容、服务标准
第三天	（1）感觉卖场气氛，尝试与顾客沟通（2）留意是否有礼貌的向同事打招呼
第四天	正式录用，并交店服保证金，办理入职手续、发店服并告知不可迟到
第五天	发一张尺码表、记款号、清楚每日十大
第六天	考核以上学习内容，施压力
第七天	学习帮客人量裤长度、腰围等
第八天	学习卖场基本摆货方法
第九天	实习卖场基本摆货方法
第十天	学习收货

随手札记

【范例 3-03】

××服装店新员工培训课程

岗位	零售店铺课程表			备注
	序号	课程	完成时间	
店长	1	卖场沟通技巧	入职一月内	领班成为储备店长后可学习店长课程
	2	销售技巧晋级篇	入职一月内	
	3	顾客异议处理	入职一月内	
	4	顾客消费心理学	入职六月内	
	5	如何有效处理投诉	入职一月内	
	6	货品管理	成为储备店长后一月内	
	7	店长岗前基础	成为储备店长后一月内	
	8	货品分析	成为储备店长后二月内	
	9	员工辅导技巧	成为储备店长后二月内	
	10	讲师基础技巧	成为储备中级店长后一月内	
	11	店铺服务心态与技巧	成为储备高级店长后一月内	
	12	开店流程	成为储备高级店长后一月内	

（续表）

岗位	零售店铺课程表			备注
领班	1	卖场沟通技巧	入职一月内	导购、收银、库管学习完基础课程与本岗位课程，考核合格，并成为储备领班后，可以学习领班课程
	2	销售技巧晋级篇	入职一月内	
	3	顾客异议处理	入职一月内	
	4	顾客消费心理学	入职一月内	
	5	如何有效处理投诉	入职一月内	
	6	货品管理	成为储备领班后一月内	
导购员	1	卖场沟通技巧	入职一月内	
	2	销售技巧	入职一月内	
	3	顾客异议处理	入职一月内	
	4	顾客消费心理学	入职一月内	
	5	如何有效处理投诉	入职一月内	
库管员	1	卖场沟通技巧	入职一月内	
	2	前后台操作流程	入职一月内	
	3	EPOS系统操作	入职一月内	

（续表）

岗位	零售店铺课程表			备注
收银员	1	卖场沟通技巧	入职一月内	
	2	前后台操作流程	入职一月内	
	3	EPOS系统操作	入职一月内	
	4	如何有效处理投诉	入职一月内	
基础知识	1	企业文化介绍	入职一月内	所有人员均学习的课程
	2	基础产品知识	入职一月内	
	3	基础陈列知识	入职一月内	
	4	服务步骤	入职一月内	
	5	售后服务基础知识	入职一月内	

【范例 3-04】

××服装店新员工服务标准培训

一、语言

（1）语言要使用清晰、洪亮、亲切、自然的普通话。

（2）语言运用要及时、准确。

（3）称呼使用“小姐”“先生”“小朋友”“您”。

（4）使用标准服务用语：（根据实际情况灵活运用）

①您好！欢迎光临××，请随意挑选（请随便看看）。

②部分商品特价酬宾。（介绍店内促销活动）

③这些都是本季新款式，喜欢可以试一试。

④这边都是特价款，我帮您介绍好吗？

⑤××特点是造型美观，穿上很舒服，质量好，款式前卫。

⑥这款衣服您穿上后真的很漂亮。

⑦您感觉这尺码合适吗？舒服吗？

⑧这里有镜子，请您照一下，看看效果如何。

⑨请稍等，我去给您找，马上就来。

⑩您先试着，我马上就来。

⑪请帮我照顾一下顾客，我马上就来。

⑫对不起，让您久等了。

⑬对不起，这款衣服没有这种颜色，您看这款和那款很相近，您试试看，效果怎么样？

⑭对不起，现在本店没有这个尺码，请您留下电话，不论有没有，我们会尽快通知您。

⑮小姐/先生，您选的这款衣服是××元，请您到这边收银台交款。

二、介绍

（1）主动介绍新商品。

（2）主动介绍商品的特点。

（3）介绍商品要合情合理。

（4）介绍时要给顾客留有选择的空间。

（5）介绍时要给顾客留有思考的空间，避免滔滔不绝。

（6）介绍时不能使用负面语言，要多用常规用语。

（7）本店没有的品种可推荐顾客到其他连锁店购买。

（8）不行靠贬低他人商品来抬高自己的商品。

三、推荐及鼓励

（1）在顾客尚未做出选择时，要主动推荐商品。

（2）在顾客对自己的选择不满意时，要主动推荐其他款式。

（3）推荐商品要符合顾客的年龄、身份、身材、穿着、喜好。

（4）顾客在试穿时，要积极给予鼓励、赞美。

四、态度

（1）要做到主动、热情、耐心、周到。

（2）要做到亲切、真诚、面带微笑。

（3）严禁争吵，耐心解释。

（4）顾客选择时间过长，不容许有厌烦表情与语言。

（5）交款前要主动向顾客讲清价格、折扣和服务承诺。

（6）不得拒绝进店休息的客人。

【范例 3–05】

××服装店新员工服务过程禁止动作

一、待客前禁止动作

（1）店员聚集在一个地方站着。

（2）眼瞪着顾客，斜视。

（3）一边看着顾客，一边又说又笑。

（4）在顾客来到之前大声说话。

（5）对顾客不关心，愣愣站在那里。

（6）靠着货柜、柱子或收银台站着。

（7）面无表情，面向门口站着。

（8）堵在门口站着张望。

二、待客禁止动作

（1）虽有人打招呼也不马上回答。

（2）有人招呼时，懒懒地、慢条斯理地走到跟前，招呼后在十秒内不能走到顾客跟前。

（3）由于服装、语言等在态度上对顾客表示出差别对待。

三、展示商品禁止动作

（1）慢条斯理地拿出商品。

（2）拿出商品后，一声不响地递到顾客面前。

（3）由于买的商品金额小，表现出厌恶的态度。

（4）粗暴地回答顾客提出的问题。

（5）对顾客的话泼冷水或冷嘲热讽。

（6）说声“卖完了”便表现出非常冷淡的态度。

四、介绍商品禁止动作

（1）不好好地回答，漫不经心。

（2）勉勉强强地介绍，好像谁强制似的。

（3）说什么“人各有所好”，不搭理顾客。

（4）中途放弃顾客，中断介绍。

（5）时间一长就表现出不耐烦的态度。

（6）与顾客吵嘴，顶撞顾客。

（7）介绍商品时，不能使顾客听明白。

（8）尽管不知道却随便答复。

五、收款时禁止动作

（1）没弄清钱额就收下。

（2）慢条斯理的动作。

（3）顾客在交款时收银员叽叽喳喳地小声说话。

六、包装禁止动作

（1）一边聊天一边包装。

（2）以慢条斯理的动作包装。

（3）用破损或污迹的纸袋包装。

七、递交禁止动作

（1）慢腾腾地走近顾客。

（2）把找的钱放在商品上递给顾客。

（3）递错了东西，找错了钱。

八、送客禁止动作

（1）不等顾客走开，就头也不回地离开。

（2）不向顾客提出希望再来光顾的建议。

九、接听电话禁止动作

（1）长时间不接听，不说“您好，××”，不以左手拿听筒。

（2）听话时不沉着，不等对方说完就急促打断。

（3）听完所有事情没有复述确认。

（4）没等对方挂机就先行挂机。

四、店铺防偷盗管理

（一）偷窃的手段

常见的偷窃手段，主要包括五种，即藏入帽子、伞、手提袋等携带物中；带着商品走动，找机会隐藏；多数顾客一同来店，一方与导购员交谈，一方在店内进行偷窃；带多项商品进入试穿室，边试穿边偷窃；藏入衣服内。

（二）易发生偷窃的场所

一般成为死角的场所、易混杂的场所、照明较暗的场所、通路狭小的场所、商品陈列杂乱的场所容易成为发生偷窃的场所。

（三）偷窃的常见类型

偷窃的常见类型，主要包括以下几种：

（1）眼神异常飘动。

（2）携带不自然的大提袋，穿着不自然的服装。

（3）几位顾客一同来店，一方与导购员交谈，另一方在店内进行偷窃。

（4）将大提袋放在商品上，行动不自然。

（5）对商品不感兴趣却在店内徘徊。

五、做好店铺存货管理

服装店的存货是指服装店为销售而储存的商品。对存货的管理主要包括卖场商品和库存商品的放置、保管和盘点等项工作。

（一）存货失调后果严重

（1）造成机会损失，增加资金利息负担。

（2）增加仓储人工费。

（3）增加商品整理、包装、运输费用。

（4）增加库房仓储、保险、折旧、租赁、水电费用。

（5）增加仓储设备购置及设备折旧费用。

（6）商品品质恶化，商品过时不再有竞争力。

（7）减少新商品销售与创造高毛利的机会。

（8）对品牌形象有负面的影响。

（二）了解存货积压的原因

作为服装店店长，需要控制好存货，必须了解存货积压的原因，具体如表3-4所示。

表3-4　存货积压的原因

序号	原因类别	具体说明
1	对未来市场的判断错误	服装店对总体的环境，包括产业规模、供应商、竞争品牌、中间商、顾客及市场环境中的市场容量、价格、产品发展趋势等，都应有充分的信息及判断
2	商品的企划不能满足顾客的需求	商品企划不能满足顾客的需求，主要表现在比如，商品组合不够完整？商品的花色、款式、尺码、规格没有针对市场的需求等
3	商品库存政策不正确	如果存货积压已经产生，最重要的是迅速寻找办法处理。千万不要以为公司总部在做新一季商品企划时，可视存货的多寡来决定新商品的生产量，而由此产生麻痹，这样会使存货在新的一季中越来越难处理
4	商品品质不能符合顾客要求	有瑕疵的商品，不但不可能卖出去，而且就是销售后也将被顾客退回，这类商品在库存中，就会成为永远压箱底的存货
5	销售能力差	不论是店员销售能力还是广告促销的能力，如果不能超越竞争者，市场很快就会萎缩，其结果就是导致存货的增加

（三）存货积压处理方式

作为服装店店长，需要掌握存货积压的处理方式，具体如表3-5所示。

表3-5　存货积压处理方式

序号	方式类别	具体说明
1	确定存货处理政策	当存货产生的时候，应制定出明确的存货处理政策，即在多久之内、要用什么方法、通过什么途径把存货处理完毕
2	找出造成存货增加的原因并加以预防及改善	目前较常用且简便的方法为“鱼骨图”或称“因果分析图”，它能帮助店长像抽丝剥茧一样把造成存货增加的原因找出来
3	加强商品的企划能力	首先要明确商品在市场上的定位，除了对流行商品要有敏锐的嗅觉外，对目标消费群体也要有充分的认知及数据的支持，这样才能规划出满足市场需要的商品
4	提升销售能力	在竞争的市场中，销售能力强的公司，往往能创造出令人振奋的业绩。当然，销售能力的提升有赖于不断地学习与训练

六、如何做好商品月度盘点

店长需要在月底安排人员，亲自指导参加商品盘点，以便及时了解店铺商品库存情况，采取针对性的措施。

（一）规范盘点流程

服装店商品月度盘点流程，具体如图3-1所示。

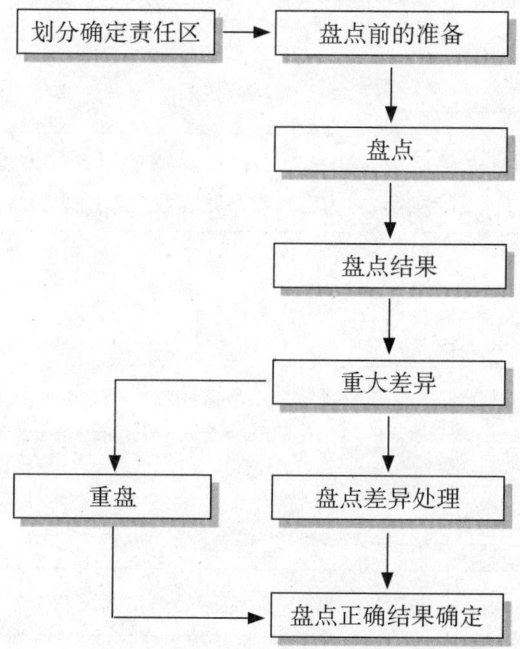

图3-1　商品月度盘点流程

（二）盘点方法

服装店常用的盘点方法，具体如图3-2所示。

1 实盘

是指盘点的标准不考虑货品的账务数量和金额，以实际货品的数量为准

2 账盘

是指盘点是以货品在账面上反映的数量和金额为盘点的标准，盘点结果的差异为实盘数与账面数之间的差异

3 分区

将店铺货区分成若干区域，每个区域有专门的盘点人员

4 分类别

按照产品的种类进行划分，每类产品由专人负责

图3-2　盘点方法

（三）盘点步骤

一般服装店商品的盘点步骤，具体如图3-3所示。

第一步	确认盘点时间
第二步	确定盘点参加人员数量
第三步	提前调整店铺的货品账务，将来货、返货、横向货品调配等账务进行账务复核，确保所有单据已经登账
第四步	按照人员情况和店铺情况将盘点区域进行划分，准备盘点用各种用品、笔、盘点单、复写纸、计算器等
第五步	安排排班表
第六步	制定“盘点进程时间表”
第七步	盘点，数据核实和整理
第八步	盘点差异的处理及账务的调整

图3-3　盘点步骤

在此，提供一份服装店盘点前三天的计划表，仅供读者参考。

【范例 3-06】

××服装店盘点进程时间表

时间	项目	执行人	复核人	备注
盘点前三天	（1）初步设计好盘点区域图 （2）准备好“盘点单”（见表3-1） （3）准备好盘点工具：计算器、水笔、复写纸、记号笔 （4）检查店铺与仓库是否还有未处理的账务差异			
盘点前两天	（1）确认盘点区域图及区域负责人 （2）整理仓库对仓库货品按照货品的类别和尺码进行分类 （3）整理残次品及零星的散货，提前盘点制作好盘点单并封箱贴好标记，避免正式盘点时与其他货品混淆 （4）计划盘点时的人员排班表，合理安排人员的班次			
盘点前一天	（1）核实并召开盘点动员会将盘点有关事项通知所有店员会议内容：盘点时间、盘点区域划分、盘点具体要求、盘点注意事项 （2）确认店铺账务已经与公司符合 （3）盘点店铺仓库，仓库盘点期间将停止从公司的补货和向店铺出货 （4）确定员工自购货品及员工丢货的明细			
盘点当天	（1）盘点当天除特殊情况外，店铺不可做货品方面的调配活动 （2）整理零星货品盘点单：包括残次品，员工自购，员工失货，和其他零星散货并制作好盘点明细单 （3）关店后，员工按照盘点区域表进行各自区域的货品盘点 （4）盘点结束后仔细填写好盘点表，注意款号，尺码和数量进行汇总时的准确性 （5）盘点复检：由专人或两个区域之间互相进行盘点数据与实物的复检以确保盘点的准确性 （6）复检确认后将“盘点单”的单价及金额进行汇总并复检一定要确保“盘点单”的准确性 （7）确认“盘点单”与实际货品数量相符，“盘点单”金额汇总准确及“盘点单”填写规范后将“盘点单”上交给指定的负责人			

表3-6 盘点单

店长：　　　　　　　　　盘点人员：　　　　　　　　　盘点日期：

款号	单价	电脑结存		实际盘点结果		差异		差异原因
		总件数	总金额	总件数	总金额	件数	金额	

（四）编制盘点制度

对于连锁服装店，总部一般都会规范盘点，门店只需要参照执行即可。在此提供一份服装店盘点制度，仅供读者参考。

【范例 3–07】

××连锁服装店盘点制度

一、店铺盘点的程序

1. 关门停止营业。（如盘点人员到店铺时正好有客人在消费时，可以稍等一下，等客人离开后再开始盘点）

2. 盘点员向店铺出示并宣讲盘点制度，要求店铺确认知道制度后开始盘点。

3. 登记店铺结存。（盘点前一天的结存）

4. 盘点前盘点员要求店铺先清理在外面的货品，包括改衫、做版、电台做广告及其他原因在外面暂时无法到位的货品，说明原因和条形码明细，并且做好登记。

5. 登记店铺当日的进、销、存数据，包括销售、客户退换、调出（退仓、公关退仓）、调入。

6. 店铺清理、整理、摆放现有的衣服、赠品，便于盘点员盘点。如果因为店铺整理、摆放方面的原因，导致盘点差异，店铺负责。

7. 店铺应该把整理好的衣服、赠品分成多批，进行盘点。

8. 盘点员盘点时，不能对着一个条形码扫描，必须逐一对着货品条形码进行扫描。

9. 没有吊牌的衣服，店铺必须补条形码盘点（盘点完成后，要求店铺把没有吊牌的衣服退仓或者补上条形码）。如果店铺不能补上条形码的货品，店铺做退货，由盘点员带回公司补条形码后与数据监控组核对。

10. 盘点员每盘点完一批货品，店铺负责与盘点员进行核对。如果核对有差异，盘点员立即对本批货品重新盘点，双方核对无误后，方可进行下一批货品的盘点；如果店铺不核对或者不认真核对，视为本批盘点没有问题。

11. 所有衣服盘点完成后，盘点员与店铺进行总核对。如果核对出现差异，盘点员与店铺找出出错原因，协同解决；如果店铺不核对或者不认真核对，视为所有盘点都没有问题，因此造成的差异由店铺负责。

12. 店铺确认整个盘点数据正确后，把盘点数据传回数据监控组。

13. 数据监控组立即查出盘点差异表，发到店铺。

14. 盘点员与店铺一起，结合“前一天的结存”“当日的进销存数据”、“盘点数据”，核对盘点差异表。如果仍有差异，盘点员与店铺协同解决。

15. 店铺查找丢失的货品，必须是盘点员在场时一小时内找到，盘点员负责把找到的货品录入。盘点员离开后找到的货品，一律不予承认。

16. 盘点员如实填写盘点报告，店铺应签名确认。如果无正当理由，店铺不签名，盘点员当场通知市场营销部督导、经理后，在盘点报告上注明店铺拒签情况。

17. 盘点员与店铺双方确认后，通知数据监控组，数据监控组直接按照店铺确认的盘点记录进行入仓、出仓调整。

18. 店铺经数据监控组同意后，开始做电脑。如果店铺未经允许做电脑，由店铺负责。

二、店铺配合

1. 保证盘点时有充足的人员上班，配合盘点。

2. 保证整个盘点过程，关门停止营业。

3. 店铺保证盘点员在上班时间能核对盘点差异。因盘点完成需要数据监控组发送盘点差异表，供盘点员、店铺当场核对，而且店铺下午生意较好，盘点最好上午进行。如果下午盘点，最迟不能晚于下午四时完成盘点。

4. 积极主动地配合盘点员的工作，做好清理、登记、点数、核查等工作。

5. 保证盘点核对后的货架上的衣服，在整个盘点完成前，不改变位置，便于核对。

6. 在数据监控组核对完成前，店铺不能用电脑做进销存。店铺做电脑前，一定

随手札记

要联系数据监控组，并且得到同意后开始做电脑。

7. 店铺及时把没有条形码的货品退回总仓补条形码。如果盘点时发现没有补条形码的货品超过20件，盘点员应该及时登记并上报市场营销部处理。

8. 如果因为店铺配合不好，或者不予配合，由此造成的差异，由店铺负责。

9. 店铺自动更改吊牌的货品，店铺应该事先告诉盘点员，把货品单独放置。如果店铺不告诉或者不单独放置，事后不能以该理由要求更改盘点记录。

10. 店铺应该及时清查、处理本店的负数库存。库存负数超过10件，数据监控组有权要求店铺盘点。

三、店铺自己盘点的注意事项

1. 店铺盘点最好是在督导在场指导下盘点。

2. 严格按照盘点程序进行。

3. 盘点只能用一个盘点表（即一个电脑单号），不能一次盘点用多个盘点表。

4. 店铺知道漏盘，应该查明具体条形码，如果不愿意查询，按盘点表执行。

5. 没有条码的衣服补条码盘点（盘点后把该批货品退仓）。不能补上条形码的货品，做退仓处理，等仓库补上条形码后，由过货组与数据监控组核对。

6. 盘点核对当时不能查出衣服，事后查出要求增加盘点数，需要经督导确认。

7. 店铺盘点丢了衣服，核对差异时找到，第二次盘点又出现相同的差异，上报市场营销部处理。

8. 数据监控组发给店铺的盘点差异，店铺应该在核对盘点差异的当天，及时核对差异并回复数据监控组，否则数据监控组直接按盘点表进行出仓入仓调整。

9. 店铺盘点完后，一定要及时用电话或者邮件通知数据监控组，在数据监控组没有核对完成前（数据监控组下班后盘点，一定要等到第二天数据监控组确认核对完成），不能自行开始做电脑账。如果不经数据监控组同意，店铺自行做电脑账，差异由店铺负责。

10. 店铺自己盘点出错，应该在两天内重新盘点。

四、盘点后数据处理办法

1. 店铺货品数据的监控包括数量和金额两方面。

2. 数据监控组把差异数量与金额报人力资源部处理。

3. 盘点后店铺确有正当理由需要修改盘点数据的，经市场营销部督导、经理审核，由市场营销部商同资讯管理部协商解决。

4. 经店铺和盘点员确认的差异，数据监控组按差异表进行入仓、出仓调整。

5. 数据监控组在“网上办公”“店铺盘点”处提交盘点差额。

七、竞争门店调查分析

店长要定期对竞争门店进行调查分析，以便采取针对性的措施予以应对。当然，店长最好是在竞争门店调查之后写一份调查报告。在此，提供一份服装店竞品分析报告，仅供读者参考。

【范例 3-08】

××服装店竞品分析报告

一、竞品主销品类，陈列占比

竞品主销品类，陈列占比

品牌：A			
品类	价格段	陈列占比	陈列位置
POLO体恤衫	300～600	30%	进门左边
夹克、风衣	759～1200	30%	主销区与形象区
西服	2000～5000	8%	收银台，店铺最里边
正统衬衣	300～1000	12%	内搭
毛衫	569～800	12%	内搭，叠装
休闲衬衣	500～800	8%	内搭，叠装
品牌：B			
品类	价格段	陈列占比	陈列位置
套西	200～1200	25%	进门左边主销区
夹克、风衣	900～1200	30%	进门右边主销区
棉衣、皮衣	1100～5000	10%	进门右边主销区
正统衬衣	400～600	15%	内搭与西服陈列架
毛衫	500～700	10%	内搭，叠装
休闲衬衣	599～799	10%	进门右侧最里面
品牌：C			
品类	价格段	陈列占比	陈列位置
夹克，风衣	799～3000	35%	主销区、形象区
棉衣，大衣	950～3000	20%	主销区与形象区
西服	1100～5000	5%	店面最里边，收银台
正统衬衣	300～1000	5%	西服区内搭
毛衫	600～800	20%	内搭，叠装
休闲衬衣	600～900	15%	内搭，叠装

（续表）

品牌：D			
品类	价格段	陈列占比	陈列位置
夹克，棉衣	799～1100	10%	一楼进门左边区
风衣，大衣	1200～1600	15%	一楼进门右边主销区
西服	1500～4000	40%	二楼
正统衬衣	300～600	20%	二楼
毛衫	500～800	8%	内搭，叠装
休闲衬衣	300～600	7%	内搭，叠装
品牌：E			
品类	价格段	陈列占比	陈列位置
西服	2800以上	40%	一楼进门左边区
单西	800～2000	10%	一楼进门左边最里面
正统衬衣	480～1200	20%	内搭，进门右边衬衣柜
夹克	1100～1800	20%	进门右边主销区
休闲衬衣	500～900	5%	内搭
毛衫	500～1200	5%	内搭，叠装
品牌：F			
品类	价格段	陈列占比	陈列位置
夹克，棉衣	799～1100	10%	进门口右边主销区
风衣，大衣	1200～1600	15%	进门口右边主销区
西服	1300～2500	40%	进门正前方主销区
正统衬衣	500～800	20%	穿插挂件
毛衫	500～800	8%	内搭，叠装
休闲衬衣	500～800	7%	穿插挂件

二、竞品服务与形象

竞品服务与形象

品牌类别	人员形象	服务形象	店铺形象
A	仪容仪表规范，个别新员工未穿工装	迎宾服务，微笑服务较好	店铺壁挂陈列饱满，叠装与中岛较多，整体层次感强
B	仪容仪表规范，统一穿工装，佩戴工牌，给人感觉相对上档次	服务流程执行到位，也比较规范，微笑服务做得很好，很热情的介绍	
C	仪容仪表较好，统一工装，不过相对较旧	服务还行，主动性较好，但是服务流程执行不到位	壁柜之间的空隙较大，陈列量较小，点挂较少，部分组合挂，侧挂，整体感觉叫高档
D	仪容仪表执行较差，统一工装	服务流程执行力较强，但因店铺两层原因，人流量大时服务跟不上	
E	仪容仪表规范，个别导购较严肃，亲和力欠佳	服务比较挑人，对购买的与非购买的服务差距较大	店铺面积较大，单杠挂少，基本上在壁挂上陈列，整体比较大气
F	仪容仪表规范，个别新员工未穿工装，工装效果相对一般		店铺面积较小，壁柜层板上较多的叠装，与壁柜陈列呼应，层次感强

随手札记

三、竞品橱窗分析

竞品橱窗分析

品牌类别	人员形象
A	橱窗设计中陈列主题相对偏向于情景陈列，风格也基本上是以其主销品牌时尚款式为陈列风格，在道具摆放中也较“复杂”当展示的产品也比较饱满。在实操中采用三角形结构，灯光照射也恰到好处，整体来说，橱窗设计细节方面还是做得较好的
B	橱窗相对比较简单，橱窗设计主题也不明确，风格则以商务休闲为主，道具使用与灯光照射也相对较差
C	该橱窗设计采用季节性主题，在橱窗的玻璃窗中采用贴纸的方式来强调秋季的到来，模特与道具的使用恰到好处，给人清晰自然有能明确销售产品的目的；在实际操作中也采取了三角形原则，细节整理后使得该橱窗更美观
D	改橱窗设计采用产品特性主题，风格极致简约，灯光照射明点明确。橱窗展出的商品是品类完整的搭配计划，单一模特比群组模特更有独立的品质感，该橱窗方式更能体现产品的特性，突出品质感
E	模特群结合叠装道具的使用，让消费者对店内销售产品一目了然，在操作手法中采用正三角形模式，整体陈列效果更加富有层次感。但是POP报粘贴不整齐，简单的挂了上去
F	很鲜明的活动主题橱窗设计，在透明玻璃上采用贴纸的方式让活动更加的清晰，以商务款式为模特样品，也与活动主题想映衬

四、竞品促销活动汇总

竞品促销活动汇总

品牌类别	促销信息
A	两件以上立减20%（含夹克立减30%）期间做了一天全场七折活动。上周活动是满200元减50元
B	一件9.5折，两件8.8折
C	无活动
D	成套搭配满300元减50元（其中一件是裤子则300元减60元）
E	新品8折，毛衫裤子折上折9折：消费满500元送88元袜子
F	18～24日西服满300元减150元；24～30日西服满300元减100元；18～24日其他类产品满200元减50元

八、店铺促销管理

店铺促销是指店铺将产品及其相关有说服力的信息告知目标顾客，说服顾客做出购买行为而进行的市场营销活动。促销可以引起购买欲望，扩大产品需求；说服顾客再次购买，建立购买习惯；有效抵御竞品的促销活动；带动关联产品的销售。因此，店长一定要做好店铺促销管理工作。

（一）促销形式

店铺促销的主要形式，具体如图3-4所示。

减价优惠	指直接打折或购满一定金额返现金
赠券	指购满一定金额赠送消费券
赠品	指购满一定金额赠送相应的产品（或其他的礼品）
抽奖	指购满一定金额可以抽取现金（或产品）
联合促销	指联合其他品牌共同促销

图3-4　店铺促销的主要形式

（二）促销时间

店铺的促销时间，主要包括新品上市促销、节假日促销、开店（店庆）促销、过季促销。

（三）促销执行

1．促销前、中、后关注事项及关键内容。

店铺促销前、中、后关注事项及关键内容，具体如表3-7所示。

随手札记

表3-7　促销前、中、后关注事项及关键内容

序号	步骤	促销前	促销中	促销后
1	信息收集	（1）了解促销目的 （2）了解促销范围及时间 （3）熟知参与促销的货品款号、价钱、颜色、尺码 （4）清晰促销的要求	（1）留意产品部调整通知：促销产品、时间的调整 （2）其他店铺销售、库存情况了解	促销产品、礼品、物料等安排
2	销售跟进	参考以往销售数据，结合此次促销活动力度、时段、天气等，预估销售数量、金额、占比、客单件数、客单价、上升幅度等指标	（1）对比预估销售，分析达成、未达成原因，及时调整 （2）分时段公布、追踪促销活动销售进度	活动情况回顾分析，并作优、缺点总结
3	产品跟进	依据预估销售额结合促销形式进行重点产品准备	（1）每日跟进重点产品销售状况，针对畅销产品及时进行补货，针对销售不佳产品进行陈列、促销力度加强 （2）断码反应：申请调货或找替代产品 （3）促销物料的消耗情况并及时进行补充	依据公司产品部安排进行库存产品的调整
4	陈列物料	促销物料准备：POP、宣传用品的粘贴及陈列	检查陈列气氛是否足够	陈列物料、促销POP、宣传品撤除、清退
5	货场调整	（1）根据预估销售状况，进行店铺陈列布局的调整、检查 （2）结合公司相关标准，进行货品陈列展示 （3）重点促销货品摆在黄金档位 （4）营造良好促销气氛	（1）视销售走势及时调整陈列布局 （2）计算货架销售占比、销售件数 （3）参考其他店铺销售好的摆放模式 （4）留意断色、断码 （5）挂装产品的及时调整	产品陈列布局的调整
6	人员准备	（1）人员排班、临时人员申报 （2）促销培训：针对店铺人员进行促销方案、销售目标、陈列促销、活动事项的培训	（1）根据需要进行人员安排等方面调整 （2）选择性分享员工优秀销售技巧 （3）对全体人员进行促销培训内容的检查	对促销活动期间的人手、培训工作进行总结
7	激励游戏	设计激励士气的销售游戏，提高个人、团队销售额	（1）跟进销售进度，创造积极工作氛围 （2）鼓励销售较差或较好的组别	成绩公布，表扬成绩好的级别或个人

2.促销活动总结

店长在促销活动结束后，必须进行总结，即：

（1）分析促销活动期间销售计划的达成状况，同时进行销售额的对比及原因分析。

（2）分析促销活动期间其他指标（销售数量、客单量、客单价、平均折扣率）的在成状况并进行原因分析。

（3）分析促销活动期间重点产品的销售状况并进行原因分析。

（4）对促销活动期间的顾客反馈、店员意见、异常问题进行总结并提出发改善建议。

（5）进行促销活动的综合评估。

九、店铺设备维护管理

店长有责任和义务带领团队成员正确、有效使用店铺设备，并力所能及地做好设备维护工作，因为作为一名优秀的店长，他不仅懂得如何创造高业绩，同时还知道怎样节约成本。店铺设备的维护要求如下表所示：

序号	设备类别	维护要求
1	收银设备	（1）店铺收银台只允许摆放公司统一配置的电脑、打印机、银箱、验钞机、计算器、POS机办公设备 （2）做好电脑设备卫生工作，保证所有设备表面干净、清爽 （3）做好环境卫生工作，保证桌面清洁、整齐 （4）做好数据管理工作，键盘、鼠标等一些外部设备 （5）不得随意安装软件、拆装电脑、打印文档、使用游戏光盘或来路不明的光盘、软盘 （6）不得随意让职权外人员操作电脑
2	空调设备	（1）按规定方法操作（视各厂牌、机种手册而定），由当值店长/领班开启 （2）定期维修保养，使用期内空调过滤网每周清洗一次 （3）室内温度高于26℃时可启动空调制冷，室内温度低于18℃时可启动空调制热 （4）注意店铺用电负荷
3	音响设备	店内只准播放公司发放CD、VCD碟片。音响设备注意合理使用，音量调节不要过大或过小
4	传真机、打印机	（1）传真电话为店铺与客户、公司联络的重要通信工具，店铺应保证在营业时间内电话铃声响起3声内有人接听 （2）使用正确方法更换传真纸 （3）严禁拨打私人电话 （4）营业时间内，严禁将传真机设置调到自动传真档 （5）打印纸由总部统一发放，可定期向公司申请 （6）使用正确方法更换打印机墨水
5	卷帘门	开、关卷帘门时保持平衡，不要太过用力或硬拉强关，注意爱护。卷闸门锁上后，要再次检查确认无误

十、配合做好门店营运检查

如果是加盟的服装店，其总部可能会定期检查门店的营运情况，以便了解对门店的工作人员的工作情况。在此，提供几份服装店人员的运营检查表，仅供读者参考。

【范例 3–09】

××服装店店长营运检查表

店铺名称：　　　　填表日期：　　　　店长签名：

项目	检查细分	考核标准	检查标准	分值	得分	检查说明
人员管理	人员架构	人员排班合理，人手充足	淡、旺时人员合理满分，一人一次缺班扣2分。2次扣完	5		
	店员形象	统一着装并佩戴工号牌，过肩长发束起。仪态稳重，端庄自然，无扎堆聊天现象	一人不符合全扣分	2		
	销售技巧	熟练掌握八步曲，熟练使用迎宾语和欢送语	一人不符合全扣分	3		
		对库存货品熟悉，熟知畅销、滞销情况	熟知畅销、滞销库存情况（每次提问至少5个款号）1个不熟扣1分，以此类推	5		
		熟练掌握产品价格及当前促销活动内容	熟练掌握产品价格及当前促销活动内容（每次提问至少5个款号）1个不熟扣1分，以此类推	5		
	目标分解	按月、周、日分解到人（店铺所有人员明确当日目标）	一人不知道扣2分，两人不知道全扣	5		
	早会	店铺每日召开早会，有相关记录或资料为依据	一天未开（记录为准）扣2分。两天未开分全扣	5		
货品管理	账目	每日库存物品收、发货单有记录，账、物相符	账、物相符5分，账、物不符0分	5		
	交接	卖场货品每日交接，有相关记录为依据	交接少1次记录扣1分，以此类推	5		
	票据	收货单、杂费票据管理	收货单、办公品发票、收据和账务相符5分，不符0分	5		
	补货	3～9月7天至少1次，其他月份3天至少一次	有依据，却一处扣2分，以此类推	10		

(续表)

项目	检查细分	考核标准	检查标准	分值	得分	检查说明
卖场管理	门面形象	促销赠品应严格按照公司规定的陈列位置予以摆放、实施，不得乱堆、乱放	整齐不乱堆满分，不整齐乱堆0分	3		
		符合年度的终端形象标准，门面形象规范整洁、无损坏，无POP乱贴现象	形象整洁、无损坏满分，有破损，有乱贴0分	2		
	灯光效果	橱窗、展示区、墙面高背架采用金卤射灯做重点照明，确保每个正面出样服装都有射灯照射，没有明显阴暗面	有一个金卤灯照射位置不对扣2分，以此类推。没有满分	6		
项目	检查细分	考核标准	检查标准	分值	得分	检查说明
卖场管理	模特陈列	橱窗及店内模特展示要具有视觉冲击力，成套搭配；按风格、色系陈列	视觉效果好4分，细节标准4分	8		
	货架陈列	墙面高背架采用正侧挂相结合的陈列方式，并严格按风格、色系 陈列，做到色彩协调、层次分明。中岛架陈列货品与墙面高背架货品有效结合，就近原则陈列	一处未符合扣1分，以此类推	10		
	氛围布置	确保当季画面效果清晰、不变色、起泡、起皱，不过期	一处起泡起皱扣1分，以此类推。POP不正确摆放扣2分	3		
		店铺内运用电视或音响播放公司指定碟片；画面清晰、音量适中	有电视或音响打开播放3分，未打开0分	3		
	顾客管理	店铺按时填写顾客资料登记表，并将其存档	顾客登记齐全满分，登记内容不齐0分	5		
	信息管理	店铺销售数据每日实时上传	不实时上传一次减2分，两次扣光	5		
合计				100		

【范例 3-10】

××服装店店员营运检查表

店铺/专柜名称：　　　　　　　　　填表日期：　　　　　　　　　检查人：　　　　　　　　　店员签字：

项目	检查细分	检查标准	检查情况		检查说明
			分值	得分	
人员	考勤	提取考勤机记录（迟到、早退一次扣1分，以此类推，累计4次扣光）	7		
	店员形象	统一着装并佩戴工号牌，过肩长发束起。仪态稳重，端庄自然	5		
		待客积极主动，礼貌大方，无扎堆聊天现象	5		
	销售技巧	熟练掌握优质服务八步曲，熟练运用迎宾语和欢送语	8		
		熟知畅销、滞销库存情况（每次提问至少4个款号）1个不熟扣2分，以此类推	10		
		熟练掌握产品价格及当前促销活动内容（每次提问至少4个款号）1个不熟扣2分，以此类推	10		
	目标和完成清晰	清楚自己目标和完成情况	7		
卖场管理	店铺卫生	门面形象、形象墙、收银台、镜子干净、整洁、无破损、无POP乱贴，地面、货架无灰尘	8		
		仓库干净整洁，物品分类摆放整齐，易寻找、拿取	5		
	促销赠品	促销赠品应严格按照公司规定的陈列位置予以摆放、实施，不得乱堆、乱放	5		
	商品陈列	墙面高背架采用正侧挂相结合的陈列方式，并严格按风格、色系陈列，做到色彩协调、层次分明。中岛架陈列货品与墙面高背架货品有效结合，就近原则陈列	7		
		正挂商品按男女款首件陈列尺码标准陈列，衣架不空置，挂钩朝向一致，衣服正面面向顾客流向，衣服整齐平整，系好拉链、纽扣，吊牌置于衣服内（两处衣架、挂钩、拉链有问题扣1分，以此类推）	8		
		120cm通杆侧挂商品数量控制在10～12件。（活动期间除外）60cm通杆侧挂商品数量控制在5～6件。正挂数量控制在5～3件	7		
	价格标签	所有款式都有标价签。价格标签统一，标价正确。活动海报完整、统一（无过期活动物料）（一处价标不对扣1分，以此类推）	8		
合计：			100		

【范例 3-11】

××服装店领班营运检查表

店铺名称：　　填表日期：　　领班签名：　　主管签名：

项目	检查细分	考核标准	检查标准	分值	得分	检查说明
人员管理	店员形象	统一着装并佩戴工号牌，过肩长发束起。仪态稳重，端庄自然，无扎堆聊天现象	一人不符合全扣分	5		
	销售技巧	熟练掌握八步曲，熟练使用迎宾语和欢送语	一人不符合全扣分	10		
		对库存货品熟悉，熟知畅销、滞销情况	熟知畅销、滞销库存情况（每次提问至少5个款号）1个不熟扣2分，以此类推	10		
		熟练掌握产品价格及当前促销活动内容	熟练掌握产品价格及当前促销活动内容（每次提问至少5个款号）1个不熟扣2分，以此类推	10		
	小票记名	每张小票须有导购签名确认	4~11月少一张签名扣1分，以此类推。其他月份20%可无签名（销量平均计分），超出部分扣分同上	15		
货品管理	交接	卖场货品每日交接，有相关记录为依据	交接少1次记录扣1分，以此类推	10		
	票据	保管所有交货单、发票、收据和财务账单并存档	货单、发票、收据和财务账单齐5分，不齐0分	5		
	畅销、滞销情况	3～9月7天至少记录1次畅销、滞销库存、原因和改进措施，其他月份3天至少一次	有依据，却一处扣2分，以此类推	10		
顾客管理	投诉处理	客户投诉有记录，并妥善解决	客户投诉不良解决一次分全扣	5		
	客户回访	客户购买服饰后3天内按标准发短信回访	客户回访少一次（或未安标准）扣1分，以此类推	10		
协助店长事项	店长交代事项	交代事宜要在交接班记录到的结果，并口头沟通方法	未完成扣分方式：以店长营运绩效同项目相等比率扣分	10		
合计				100		

【范例 3-12】

××服装店收银营运检查表

店铺/专柜名称：　　　　填表日期：　　　　检查人：　　　　店员签字：

项目	检查细分	检查标准	检查情况		检查说明
			分值	得分	
人员	考勤	提取考勤机记录（迟到、早退一次扣1分，以此类推，累计4次扣完）	5		
	店员形象	统一着装并佩戴工号牌，过肩长发束起。仪态稳重，端庄自然	5		
		待客积极主动，礼貌大方，无扎堆聊天现象（发现一次扣光分）	5		
	收银技巧	收款设备完好并正常开启。（如有问题及时报修）	5		
		唱收唱付，协助包装。维持好顾客秩序，安排先后次序付款（发现一次扣5分，2次扣完）	10		
		记录顾客姓名、电话、购物货号、尺码、价格（4～11月少一份扣1分，以此类推。其他月份10%可无档案，超出部分扣分同上）	10		
	产品价格	熟练掌握产品价格及当前促销活动内容（每次提问至少10个款号）1个不熟扣1分，以此类推	10		
工作区管理	工作区卫生	形象墙、收银台干净、整洁、无破损、无POP乱贴，赠品、小件柜无灰尘，地面无杂物	5		
	促销赠品	促销赠品应严格按照公司规定的陈列位置予以摆放、实施，不得乱堆、乱放	5		
	价格标签	所有款式都有标价签，价格标签统一，标价正确（一处价标不对扣1分，以此类推）	10		
财、账管理	现金、账	库存现金和现金账相符，货款按时交存并及时登账	10		
	POS上报	POS系统销售数据及时、准确上报，（专卖店单笔销售3分钟内上报）发现一次不及时扣5分，扣完为止	10		
	账单、账本	保管所有交货单、发票、收据和账本，（少一张扣5分，扣完为止）	10		
合计			100		

十一、对员工进行月度绩效考核

绩效考核是对员工工作成绩的考核，是店长的重要工作之一。一般来说，服装店每月月底都会对员工进行月度绩效考核，到年底时又要进行年度绩效考核，有些服装店还要进行季度考核。每家服装店情况不同，店长要根据服装店实际情况做出适当安排。

店长应根据具体的考核指标制定相应的考核表，将员工的考核结果依照各项考核指标填入表中，进行汇总，以准确得出员工的实际工作效果。在此，提供几份服装店员工绩效考核表，仅供读者参考。

【范例 3–13】

××服装店领班月度考核表

年　月

店铺		主管人职位	店长		业绩评估期限
姓名		主管人姓名			
考核要点：店铺月度销售达成率情况；日常工作表现					
考核	考核说明	考核标准	权重	信息来源	月
店铺月度销售管理	实际销售收入/计划销售收入/100	100	20%	财务记录	
协助店长进行店铺管理	优秀为满分，较好90分，一般80分，差60分	100	15%	店长	
当班时合理安排员工的销售区域与工作量	优秀为满分，较好90分，一般80分，差60分	100	5%	店长	
当班时无货品丢失，调拨入库、进货、退库及时正确导入	出现差错每次扣10分	100	10%	店长	

（续表）

<table>
<tr><td>店铺</td><td></td><td>主管人职位</td><td>店长</td><td></td><td colspan="4">业绩评估期限</td></tr>
<tr><td>姓名</td><td></td><td>主管人姓名</td><td colspan="6"></td></tr>
<tr><td colspan="3">月底POS无负数</td><td colspan="2">出现差错每次扣11分</td><td>100</td><td>5%</td><td>店长</td><td></td></tr>
<tr><td colspan="3">保证数据上传的及时性</td><td colspan="2">出现差错每次扣12分</td><td>100</td><td>5%</td><td>店长</td><td></td></tr>
<tr><td colspan="3">当班时交接班会议准时召开，电话交接及时，传达准确有效</td><td colspan="2">出现差错每次扣13分</td><td>100</td><td>5%</td><td>店长</td><td></td></tr>
<tr><td colspan="3">当班时能正确处理顾客投诉及店内突发事件</td><td colspan="2">优秀为100分，较好90分，一般80分，差60分</td><td>100</td><td>5%</td><td>店长</td><td></td></tr>
<tr><td colspan="3">当班时卖场员工迎送宾语响亮，激励员工销售，能活跃卖场气氛</td><td colspan="2">优秀为100分，较好90分，一般80分，差60分</td><td>100</td><td>5%</td><td>店长</td><td></td></tr>
<tr><td colspan="3">当班时员工（自己）按公司规定着装、佩戴工号牌，工服整洁干净，不戴规定外的饰物上班</td><td colspan="2">违反规定每次扣10分</td><td>100</td><td>5%</td><td>店长</td><td></td></tr>
<tr><td colspan="3">当班时员工（自己）遵守店铺各项行为准则，无串岗、离岗，登记准确真实，服务态度好</td><td colspan="2">违反规定每次扣10分</td><td>100</td><td>5%</td><td>店长</td><td></td></tr>
<tr><td colspan="3">认真贯彻执行公司各项规章制度与管理规定</td><td colspan="2">违反规定每次扣10分</td><td>100</td><td>10%</td><td>店长</td><td></td></tr>
<tr><td colspan="3">按时参加公司安排的培训课程并参加考核</td><td colspan="2">缺席、迟到一次计0分，培训成绩低于75分计0分</td><td>100</td><td>5%</td><td>培训记录</td><td></td></tr>
<tr><td colspan="3">个人本月罚单总数</td><td colspan="2">根据个人月度罚单数量进行扣分：5元罚单一次扣2分，10元罚单一次扣3分，20元罚单一次扣8分</td><td>从总分中扣除</td><td></td><td>店长</td><td></td></tr>
<tr><td colspan="9">总分：</td></tr>
</table>

【范例 3–14】

××服装店导购员月度考核表

年　月

<table>
<tr><td>店铺</td><td></td><td>主管人职位</td><td>店长</td><td></td><td colspan="4">业绩评估期限</td></tr>
<tr><td>姓名</td><td></td><td>主管人姓名</td><td colspan="6"></td></tr>
<tr><td colspan="9">考核要点：店铺月度销售达成率情况；日常工作表现</td></tr>
<tr><td colspan="3">考核</td><td colspan="2">考核说明</td><td>考核标准</td><td>权重</td><td>信息来源</td><td>月</td></tr>
<tr><td colspan="3">店铺月度销售达成率情况</td><td colspan="2">实际销售收入/计划销售收入/100（不设上限）</td><td>100</td><td>10%</td><td>财务记录</td><td></td></tr>
<tr><td colspan="3">个人销售任务达成情况</td><td colspan="2">优秀为100分，较好90分，一般80分，差60分（不设上限）</td><td>100</td><td>15%</td><td>店长</td><td></td></tr>
<tr><td colspan="3">按公司规定着装、佩戴工号牌，工服整洁干净，不戴规定外的饰物上班，离岗登记准确真实，按规定登记考勤表</td><td colspan="2">违反规定每次扣10分</td><td>100</td><td>10%</td><td>店长</td><td></td></tr>
<tr><td colspan="3">随时保持笑容与良好的站姿，礼貌热情地接待顾客</td><td colspan="2">违反规定每次扣11分</td><td>100</td><td>10%</td><td>店长</td><td></td></tr>
<tr><td colspan="3">卖场内说普通话，服务用语和促销用语到位，声音响亮，积极响应店长的信息</td><td colspan="2">违反规定每次扣12分</td><td>100</td><td>10%</td><td>店长</td><td></td></tr>
<tr><td colspan="3">服务八步曲完整，并有技巧使用</td><td colspan="2">优秀为100分，较好90分，一般80分，差60分</td><td>100</td><td>10%</td><td>店长</td><td></td></tr>
<tr><td colspan="3">产品知识在销售中较好的运用</td><td colspan="2">优秀为100分，较好90分，一般80分，差60分</td><td>100</td><td>10%</td><td>店长</td><td></td></tr>
<tr><td colspan="3">熟知店面滞销款和本周主推及库存数量</td><td colspan="2">优秀为100分，较好90分，一般80分，差60分</td><td>100</td><td>5%</td><td>店长</td><td></td></tr>
<tr><td colspan="3">服从店长、店助的工作分配</td><td colspan="2">优秀为100分，较好90分，一般80分，差60分</td><td>100</td><td>5%</td><td>店长</td><td></td></tr>
<tr><td colspan="3">认真贯彻执行公司各项规章制度与管理规定</td><td colspan="2">违反规定每次扣10分</td><td>100</td><td>10%</td><td>店长</td><td></td></tr>
<tr><td colspan="3">按时参加公司安排的培训课程并参加考核</td><td colspan="2">缺席、迟到一次计0分，培训成绩低于75分计0分</td><td>100</td><td>5%</td><td>培训记录</td><td></td></tr>
<tr><td colspan="3">个人本月罚单总数</td><td colspan="2">根据个人月度罚单数量进行扣分：5元罚单一次扣2分，10元罚单一次扣3分，20元罚单一次扣8分</td><td>从总分中扣除</td><td></td><td>店长</td><td></td></tr>
<tr><td colspan="9">总分：</td></tr>
</table>

【范例 3–15】

××服装店收银员月度考核表

店铺		主管人职位	店长		业绩评估期限
姓名		主管人姓名			
考核要点：店铺现金、单据管理；日常工作表现					
考核	考核说明	考核标准	权重	信息来源	月
店铺月度销售达成率情况	实际销售收入/计划销售收入/100	100	15%	财务记录	
及时进行现金的存入，交接班时单据金钱当面点清	出现差错每次扣20分	100	20%	店长	
月底现金、单据与POS核对无误	出现差错即为0分	100	20%	财务记录	
保证数据上传的及时性	出现差错每次扣10分	100	10%	店长	
服务用语、电话用语到位、收款唱收唱付；负责收银台的卫生；发布卖场信息	优秀为100分，较好90分，一般80分，差60分	100	10%	店长	
按公司规定着装、佩戴工号牌，工服整洁干净，不戴规定外的饰物上班，离岗登记准确真实，按规定登记考勤表	出现差错每次扣10分	100	10%	店长	
认真贯彻执行公司各项规章制度与管理规定	违反规定每次扣10分	100	10%	店长	
按时参加公司安排的培训课程并参加考核	缺席、迟到一次计0分，培训成绩低于75分计0分	100	5%	培训记录	
个人本月罚单总数	根据个人月度罚单数量进行扣分：5元罚单一次扣2分，10元罚单一次扣3分，20元罚单一次扣8分	从总分中扣除		店长	
总分：					

【范例 3-16】

××服装店库管员月度考核表

收银员月度考核表						
店铺		主管人职位	店长	业绩评估期限		
姓名		主管人姓名				
考核要点：店铺月度亏耗盈余；日常工作表现						
考核		考核说明	考核标准	权重	信息来源	月
店铺月度销售达成率情况		实际销售收入/计划销售收入/100	100	10%	财务记录	
亏耗盈余		亏耗盈余每笔记录扣5分	100	10%	财务记录	
月底POS无负数		出现差错每条扣10分	100	10%	店长	
完成每日规定的抽盘任务，盘点前对单据进行整理自查，无出货时对卖场进行积极防守		未完成任务，每次扣10分	100	10%	店长	
出库登记准确，拿货速度快、准。收到信息到货品出度不得超过30秒		出现差错每次扣10分	100	10%	店长	
发生调拨业务时，确保调拨货品的准确性，调拨退库、入库及时准确		出现差错每次扣10分	100	10%	店长	
确保入仓产品有包装且无脏品		违反规定每次扣10分	100	5%	店长	
货品摆放整齐，做到“一货一处”，定期整理库房保持仓库清洁，确保仓库无外人出入，做好防盗防火措施		优秀为100分，较好90分，一般80分，差60分	100	10%	店长	
对店面库存情况完全掌控，对缺货产品及时给予补货建议		优秀为100分，较好90分，一般80分，差60分	100	10%	店长	
按公司规定着装、佩戴工号牌，工服整洁干净，不戴规定外的饰物上班，离岗登记准确真实，按规定登记考勤表		违反规定每次扣10分	100	5%	店长	
认真贯彻执行公司各项规章制度与管理规定		违反规定每次扣10分	100	5%	店长	
按时参加公司安排的培训课程并参加考核		缺席、迟到一次计0分，培训成绩低于75分计0分	100	5%	培训记录	
个人本月罚单总数		根据个人月度罚单数量进行扣分：5元罚单一次扣2分，10元罚单一次扣3分，20元罚单一次扣8分	从总分中扣除		店长	
总分						

十二、编写月度工作总结

编写月度工作总结是服装店店长每月必做的一项工作。它对店长全盘了解服装店本月情况和安排下月工作计划有着非常重要的意义。

（一）总结方法

1. 查看每日、每周总结报告

在前面两章中详细写到，店长要做每日和每周工作总结，以便了解服装店每日每周的工作情况。在编写月度工作总结时，店长也可调用每日总结和每周总结。服装店店员每月都会做本部门的工作总结，店长的工作总结应当参考其总结报告。

2. 查看营业报表

服装店每天都会产生大量报表，如销售额日报表、商品销售排行表、促销效果表、费用明细表、盘点记录表、损益表、顾客意见表等。店长要善于从这些报表里面发掘有用信息，以做出更精确、更完善的总结报告。

（二）总结内容

店长总结时要注意联系到服装店工作的各个方面，如卫生、纪律、服务、销售等，要总结出工作中的问题所在，提出改进方法。

（三）总结分析

店长要思考哪些工作完成得不够好，总结出原因在哪儿，如何改进。同时还要与月初制订的工作计划进行对比，看看哪些工作没有按时完成，接下来又该如何继续完成。相关对比应填入专用表格中，如表3-8所示。

表3-8　月度工作总结与分析

序号	项目	月初计划	执行结果	对比	备注

一日工作安排与落实
一周工作安排与落实
月度工作安排与落实
季度工作安排与落实
年度工作安排与落实

管理心得

管理心得，其实是服装店店长对自己个人工作的总结。可以是对某一个事件的看法，也可以是某一项工作的实施计划；可以是成功的经验，也可以是失败的教训。

我的月管理心得

已办事项	
未办事项	
待办事项	
通过这一个月的工作，我最大的收获是：	

第四章

如何安排与落实季度工作

对于一个季度的工作安排，是属于宏观性的，作为服装店店长要对一个季度的重点事项做到心中有数，才能按照季度工作安排做好每月、每周和每一天的工作。

作为店长，每一季度的重点工作都需要有所侧重；但是总的来说，每一季度的工作中又有重复的事情。店长要想让自己能从容应对诸多工作事项，就要将自己的每一季度的工作都做好安排。

一、制订服装店的季度目标计划

（一）季度重点工作指引

店长可以制定一个季度重点工作指引，将每个季度的重点工作大致分列出来。然后再对每一个季度的工作进行具体安排，表4–1是某服装店店长的季度工作重点指引。

（二）季度工作计划

店长确定了每一个季度的重点工作之后，就要制订具体的每个季度的工作计划。店长可以要求每个店员写一份季度工作计划，以便在制订服装店的工作计划时可参考员工的工作计划，并在年度计划的要求下合理安排。

二、如何进行新员工招聘

一般来说，连锁品牌服装店的新员工招聘是由总部的人力资源部负责，店长只需要负责提交增员申请即可，如表4–2所示。

表4-1　季度重点工作表

季度	重点工作	备注
一	（1）进行店铺设施设备大检查 （2）做好一季度各重大节日促销活动 （3）配合总部做好新员工招聘工作 （4）制定本店员工手册 ……	
二	（1）进行本季度DM商品采购工作 （2）安排本季度员工生日会 （3）做好本店年中商品大盘点 ……	
三	（1）建立突发事件应急处理预案 （2）开展门店节能环保工作 （3）督促做好中秋节促销工作 （4）开展优秀员工评选工作 ……	
四	（1）本年度顾客投诉处理情况分析 （2）进行服装店年终总结及下年度安排 （3）配合总部人力资源部对员工进行年终考核 ……	

表4-2　人员增补申请表

日期：

<table>
<tr><td>申请部门</td><td colspan="2"></td><td>增补职位</td><td></td><td>增补额　人</td></tr>
<tr><td>申请增补理由</td><td colspan="2">□扩大编制　□储备人力
□辞职补充　□短期需要</td><td>希望到职日期</td><td colspan="2"></td></tr>
<tr><td colspan="6">应具资格条件</td></tr>
<tr><td>性　别</td><td></td><td>婚　姻</td><td></td><td>年　龄</td><td></td></tr>
<tr><td>学　历</td><td></td><td>外　语</td><td></td><td>个　性</td><td></td></tr>
<tr><td>经　历</td><td colspan="5"></td></tr>
<tr><td>具备技能</td><td colspan="5"></td></tr>
<tr><td>增加人员工作内容</td><td colspan="5"></td></tr>
<tr><td>薪资范围</td><td colspan="5"></td></tr>
<tr><td>申请人</td><td colspan="2"></td><td colspan="2">部门主管</td><td></td></tr>
<tr><td colspan="6">人力资源部意见</td></tr>
<tr><td colspan="6"></td></tr>
<tr><td colspan="6">总经理批示</td></tr>
<tr><td colspan="6"></td></tr>
</table>

随手札记

不过，独立服装店则要由店长亲自负责新员工的招聘。店长可以通过熟人介绍，也可在58同城、赶集网等生活类网站上发布招聘信息。

店长在面试新员工时，应掌握一定的面试技巧，以便招到更好、更合适的员工。在此，提供一份店长面试技巧汇总，仅供读者参考。

【范例 4–01】

店长面试技巧汇总

序号	类别	具体说明
1	面试准备	（1）通知面试应简单明了，讲清楚面试的时间、地点、所携带的资料，注意声音的礼貌，以维持公司的形象 （2）审查候选人的申请表和履历表，特别注意与本次面试职位相关的工作经验 （3）清楚所要面试的职位要求 （4）选择合适的面试地点，理想的面试地点应是安静的，电话不能打进来，其他干扰也应降到最低 （5）预计所须面试的时间
2	建立和谐的气氛	（1）向应聘者问好，介绍自己的名字及职位，并感谢对本公司的应聘 （2）通过问一些没有争议的问题来缓和紧张的气氛，如天气、交通情况等，以降低求职者的紧张情绪 （3）可与求职者交朋友，能很好地维护公司的声誉
3	提问	（1）尽量避免提及以“是”或“否”进行回答的问题，而要提那些需要被试者更详尽地做出回答的问题 （2）不要传递你所期望有答案的信息，如当候选人回答正确时你点头或微笑 （3）不要用审问的方式向求职者提问，也不要采取讽刺或者漫不经心的态度 （4）不要让求职者支配整个面试，相反要问开放性问题，并倾听候选人的回答，鼓励他们充分表达自己的想法
4	面试索引	（1）清楚有关应聘者的所有资料(资历、工作经验、财政状况、家庭背景)，可通过发问方式获得所需资料 （2）留意其情绪的稳定性、多次转工的记录 （3）仪容及衣着 （4）避免表现出针对性的态度

三、如何受理员工离职

任何公司都会有员工离职，服装店也不能避免。当有员工提出离职时，店长应仔细分析员工离职原因，并采取措施，降低员工离职率。

（一）员工离职原因及应对措施

1．分析员工离职原因

一般来说，员工离职原因有以下几种：

（1）有的高素质员工为了实现自身

（续表）

序号	类别	具体说明
4	面试索引	（5）发问开放式的问题 （6）每次发问一个问题，在每次发问后，需暂停一会儿，等一、二秒钟，耐心聆听并注意应聘者的手势及语调 （7）概括地介绍工作范围及晋升机会 （8）让应聘者知道最后的通知时间
5	背景询问范例	（1）你以往、现在的主要工作职位是什么？掌握了哪些技能 （2）职位是否发生过变化 （3）为什么你(或打算)要辞去这份工作 （4）请描述你一次成功解决问题的经历 （5）你如何评价自己的优点和缺点
6	面试中的观测与评核	（1）根据实际情况有选择地进行提问并观察应聘者的行为反应：从回答中评估，或观察其身体语言(眼神、微笑、表情、姿势等)以做参考 （2）设定“技能测试”来测定应聘者的实操技能，如礼仪、服务意识等环节
7	结束面试	（1）给予求职者提问的机会 （2）应以积极的态度结束面试 （3）告诉求职者如果公司对其感兴趣，下一步将怎么办 （4）拒绝求职者要讲策略 （5）如果仍须考虑，则应告诉求职者公司将尽快以书面形式通知面试的结果 （6）向求职者致谢参与面试
8	回顾面试	（1）检查面试记录，填写面试表格 （2）趁面试在头脑中尚清晰时，回顾面试的场面，以避免填写错误
9	通知上班时间	（1）介绍公司名称及店铺号码、地址 （2）清楚告知上下班的时间 （3）交代所需携带的资料 （4）说明上班的衣着要求

随手札记

的价值，谋求发展而跳槽。

（2）为了寻求更高的薪酬收入而跳槽。

（3）服装店被普遍认为是低档次的行业，技术含量不高，所以员工为了寻求一个稳定的有品位的工作而跳槽。

2．降低员工流失措施

为了更好地留住员工，店长可采取以下措施：

（1）物质激励措施。比如，给员工支付较高工资，改善员工福利待遇等。

（2）精神激励措施。比如，诚心诚意留用员工，强化情感投入，充分授权以满足员工干事业的需要等。

（3）不同周期的留人措施：

①引入阶段。让员工尽快适应环境。

②成长阶段。肯定员工工作，安排员工参加各种培训。

③成熟阶段。给予员工适度的培训后，再给予畅通的调职或晋升渠道。

④稳定阶段。给员工增加福利或实施年薪制。

（二）员工填写“离职申请表”

（1）如果员工要离职，店长应先与其进行正式谈话，提出挽留。

（2）如果员工执意要离职，店长应让其填写“离职申请表”，并上交由服装店所发的工作用品，如工服、工牌等，同时填写“离职交接表”（见表4-3）；待相关部门领导签字同意后，店长最后签字确认，员工方可正式离职。

表4-3 离职交接表

________部________先生/女士于______年____月____日因________________ 原因离职，请各部门协助办理有关手续			
交接部门与事项		交接情况	接收人/经办人
本部门	货品交接		
	未完成事宜及联系人		
	文件资料交接		
	工作资料交接		
	电脑/工作账号交接		
	其他事项交接		
	监交人签字：	部门签字：	

（续表）

部门	项目		
财务部	备用金交接		
	发票/收据交接		
	借款交接		
	费用报销交接		
	赔款/罚款交接		
行政部	离职面谈		
	固定资产交接		
	出勤卡/钥匙交接		
	办公用品/用具交接		
	书籍/员工手册交接		
	其他交接		
工资结算			
结算期限：自________年____月____日至________年____月____日			
出勤天数：________________销售额：________________销售提成：________________			
其他薪资/补助			
薪资核算情况			
工资总额		应扣工资	
实发工资		实发工资大写	
员工签字		部门经理	
财务经理		行政经理	
财务副总理		总经理	

随手札记

四、规范顾客服务流程

店长需要规范顾客服务流程，以此让店员为顾客提供统一、优质的服务，让顾客感到该品牌店铺的专业。在此，提供几份服装店顾客服务流程，仅供读者参考。

【范例 4-02】

××服装店顾客服务流程

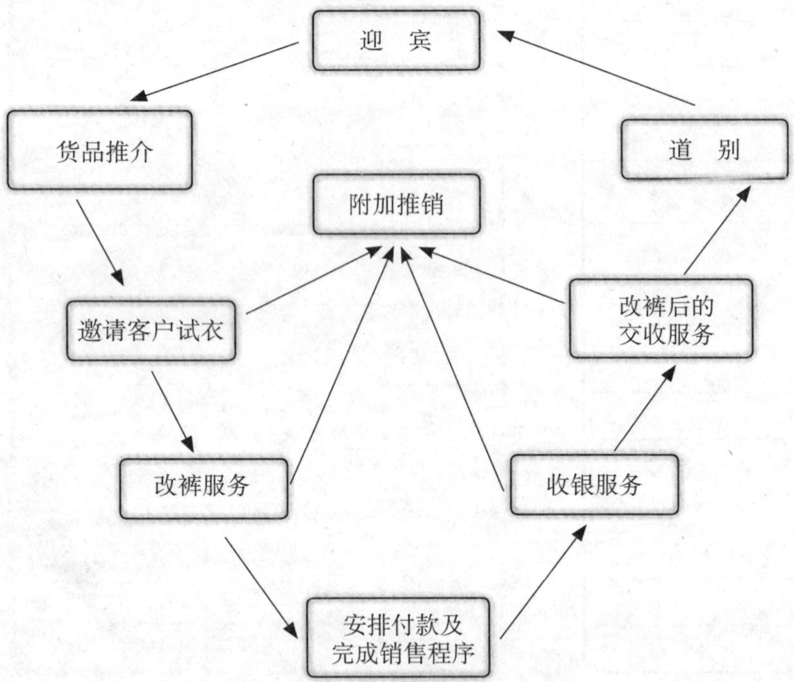

顾客服务流程说明表

第一步：迎宾	
应该	不应该
（1）主动向顾客打招呼 （2）适当的音量 （3）与顾客友好道别	（1）不理会顾客，继续自己的工作 （2）不停跟顾客说话 （3）音量过高或低
第二步：货品推介	
应该	不应该
（1）对自己的货品树立信心 （2）主动介绍新款、促销款 （3）主动询问顾客需要 （4）耐心聆听并介绍货品的特性、优点	（1）对自己的货品没信心 （2）妄下判断，加入个人意见或强迫顾客接受个人的提议 （3）不理会顾客的需要，胡乱介绍货品
第三步：邀请顾客试衣	
应该	不应该
（1）复述顾客所需货品的款式和尺寸 （2）请顾客前往试衣间或镜子前，打开纽扣、拉链 （3）前往途中，做好称呼，先敲门再挂上衣服 （4）邀请顾客穿出来展示 （5）询问顾客的感觉，提醒其在试衣间内是否遗留物品 （6）留意其身旁朋友的意见	（1）妄下判断加入自己的个人意见 （2）没敲门就立刻进入试衣室 （3）顾客入试衣室就立即离开，不作跟进 （4）一直站在试衣间门口 （5）当顾客表示不喜欢时，面露不悦之色

（续表）

第四步：改裤服务	
应该	不应该
（1）试衣前告知有免费改裤服务 （2）邀请顾客站在镜前，两脚并拢站直，询问其搭配的鞋 （3）量度并核对修改长度 （4）提示改裤所需要时间 （5）询问顾客姓氏，正确填写“改裤单”并作附加推销	（1）没有复述顾客需修改的货品就去改 （2）妄下承诺，不视情况而言 （3）没有复述长度就立刻开改裤单而导致可能出现量度错误 （4）量度后不应只开“改裤单”，而忘记礼貌地请顾客入试衣室把货品换下来
第五步：附加推销	
应该	不应该
（1）主动帮顾客搭配衣服 （2）以开放式询问顾客需求 （3）介绍新货、优惠品、畅销品，提醒顾客获得优惠 （4）介绍潮流趋势，搭配配饰	（1）强逼顾客接受我们的提议 （2）忽视顾客的喜爱，按自己的品味帮顾客搭配衣服 （3）顾客不接受附加推销时，面露不悦
第六步：安排付款及完成销售	
应该	不应该
（1）核对尺码、颜色件数 （2）礼貌地请顾客到收银处 （3）清楚告诉收银员顾客所需要的货品	（1）没有核对就带顾客付款 （2）不理会顾客，让其自己去付款 （3）以为销售过程已完成，而忘记继续有礼貌地对待顾客

（续表）

第七步：收银服务	
应该	不应该
（1）礼貌地与顾客打招呼、亲切的笑容、目光的接触 （2）与顾客核对所购的货品数量 （3）告诉顾客货品的总金额 （4）双手接款、唱收唱付 （6）双手把钱及收据交顾客 （7）重视式的包装货品 （8）双手把装有顾客货品的购物袋交给顾客并道谢作附加推销	（1）只顾收钱，而不跟顾客有眼神的接触 （2）顾客还未将钱拿出，就在顾客手中抢去钱币 （3）没有跟顾客核对金额，顾客数钱时，脸上显露出不耐烦 （5）认为生意已做成，随便包装货品 （6）认为货场的同事已做过附加推销，而不再做附加推销了
第八步：改裤后的交收服务	
应该	不应该
（1）以姓氏称呼顾客 （2）若忙时，请同事帮忙招呼 （3）在顾客面前再次复核修改后的长度 （4）主动邀请顾客再度试衣并作附加推销	（1）将修改出现错误的裤子照样递给顾客 （2）不让顾客查核裤子就立刻放入袋子 （3）如顾客再度试穿时，或表示再需改时面露不悦
第九步：道别	
应该	不应该
（1）面带笑容同顾客说“再见”，邀请顾客再次光临 （3）不管顾客是否购买货品，都给予礼貌的道别	（1）生意已完成，不再理会顾客 （2）只对购物的顾客道别，未有购物的不理会

【范例 4-03】

××服装店顾客服务流程

服务步骤		操作说明
售前		（1）检查商品，保证货品、模特保持平整无污迹，无褶皱；线头清理干净无外露 （2）熟记当日特价商品、变更售价商品、重要商品及促销活动的详细信息能在2分钟以内找出顾客需要的商品，假如顾客所需商品缺货能在1分钟内进行告知 （3）无论正在进行任何工作，尽量面向大门或店铺动线，顾客进门时应立即收起手中工作，全心全意投入招呼顾客，严禁因手中工作而忽略顾客进店 （4）严格按照站位图以标准站姿站立，表情亲切自然，面带微笑，随时准备招呼客人 ①在顾客距离店铺3米远的情况下与顾客保持眼神接触，在顾客距离店铺1米远时，热情地招呼“您好，欢迎光临××！” ②在店外，遇到熟客亦应有礼貌招呼
售中	顾客进店	（1）手放在身前，手掌自然贴于腹部下方精神饱满，面带微笑，迎向顾客，有礼貌欢迎顾客到来 （2）主动与客人打招呼，语气热诚，音量适中，声线明亮清晰，保持微笑目光注视顾客显示诚恳、自然、热情、友善的态度 （3）以姓氏招呼熟客，如：“××，国庆节快乐，好久不见！” （4）严禁以消极、倦怠的态度，低沉、缓慢的语调招呼顾客 （5）多位顾客光临时，必须做到接一应二招呼三，切勿忽略冷落其中任何一位顾客 （6）顾客进店，严禁打堆、上下打量、盯着顾客看，令顾客有压迫感。切忌多名销售顾问围着一名顾客，应给予顾客一个舒适的购物空间 （7）严禁从顾客的外表判断他的购买能力，重视每一位顾客
	了解顾客需要，与顾客建立良好的客情关系	（1）积极与顾客沟通，了解顾客姓名，与顾客建立亲切、随和的关系 （2）当客人或他的朋友到店后在适当的时机邀请客人到休憩区歇一歇 （3）记住顾客姓名，从一知道就开始用“某先生”“某小姐”等尊称来称呼他们 （4）观察顾客的言行举止，根据顾客观看产品的趋向、表情、停留时间长短、问话内容等情况来了解顾客的购物兴趣、品位、喜好等信息

(续表)

<table>
<tr><th colspan="2">服务步骤</th><th>操作说明</th></tr>
<tr><td rowspan="3">售中</td><td>了解顾客需要，与顾客建立良好的客情关系</td><td>（5）对携带较多物品的顾客，表示可以代为存放物品，提醒顾客取出贵重物品
（6）顾客在浏览商品时注意与顾客保持适当距离，最好保持0.5～1米距离
（7）对希望自行观看的客人，应给予足够的空间，暂时停止跟进，并对该客人进行关注，寻找适当的机会再次沟通
（8）顾客停留在某件商品前仔细观察时，应立刻上前展示商品，让顾客试用（试穿）或触摸，并询问顾客需要，了解顾客购买趋向和目的
（9）耐心聆听顾客需要，分析、揣摩顾客容易接收的推销方式，切忌提供简短答案
（10）不要因顾客私下谈论“××比这里便宜”“××比这个品牌好”“这个品牌不好，买这个品牌还不如××品牌”等等而忽视他们
（11）顾客明确表示所需要的产品或购买意向明确的情况下，有针对性地进行介绍。根据季节、天气情况或整体搭配的需要给客人做好产品的连带销售
（12）客户购买意向不明确的情况下，可根据季节情况、新品上市信息、市场活动、广告产品、顾客对某类商品关注或反复问询等客户反应来快速分析、判断顾客的需求，并为客户做专业的介绍和建议
（13）客户对询问不予回应的情况下，可以适当的赞扬客人（如气质、自身着装的品位或随身配饰的别致等）并请教客人平时喜欢购买哪些品牌或风格的商品，打破沉默的气氛</td></tr>
<tr><td>推销的时机</td><td>（1）当顾客左右观看，找人服务时
（2）当顾客对某件商品观看时间比较长时
（3）当顾客接触货品，并翻看或比划时
（4）当顾客私下讨论商品的款式、特点或适用性时
（5）当顾客询问价格时</td></tr>
<tr><td>介绍货品</td><td>（1）将品牌风格、理念和服务风格相融合，充分展示品牌和服务的独特魅力
（2）通过（肢体）语言、表情等仔细观察、分析、揣摩顾客的需求，诚恳、耐心、有重点的介绍商品
（3）尽量演示产品搭配方法，鼓励客人试穿、试用</td></tr>
</table>

（续表）

<table>
<tr><th colspan="2">服务步骤</th><th>操作说明</th></tr>
<tr><td rowspan="3">售中</td><td>介绍货品</td><td>（4）当男性顾客有女伴陪同时，应询问女方意见。一般情况下女伴对男顾客有很大的影响力
（5）为顾客提供专业的意见和建议，帮助顾客选择合适的商品。在顾客犹豫不定时，把握时机帮助顾客做出决定
（6）暂缺的商品可根据顾客意愿，做好登记、收取定金并及时报告公司。货到后立即通知顾客购买或根据顾客意愿主动送货上门，尽力为顾客排忧解难</td></tr>
<tr><td>鼓励客人试用、试穿</td><td>（1）不要让顾客自己去找货品，应及时找出顾客所需货品。不要让顾客有2次以上的不合适试穿使用
（2）不要让顾客自己拿着货品去找试衣间或镜子，以手势引导顾客至试衣间或试衣镜帮，并打开试衣间门请顾客进去
（3）替顾客做好试衣、试用前的准备工作（解开纽扣、拉开拉链、取出衣架、取出填充物、调整好肩带、拉出行李箱拉杆等），将货品放在试衣间或柜台适当的位置（以方便顾客取用为原则）
（4）为防止顾客使用或试穿时尺码、颜色不合适，应在顾客试用、试穿时，迅速挑选1～2件商品作为后备，鼓励顾客多试用、多试穿
（5）在顾客试穿时，尽量站在试衣间附近（在人员充足的情况下），以便及时为顾客提供服务。如顾客久未出来，应询问顾客是否需要帮助（如“先生，尺码合适吗？”等）
（6）顾客换衣完毕或开始试用，引导顾客至试衣镜前（站在顾客侧后方0.5～1米距离），同时给予顾客适当的鼓励和赞美（如顾客试穿裤子，从其面向镜子的一边开始，快速的为顾客卷好裤边）。不要让顾客说出不满意的地方，应及时指出顾客试用我们的产品给予顾客带来的改观、产品使用的感受、性能及功用方面的优点。如是服饰类，应及时指出哪些尺码适合，哪些地方需要修改，并帮顾客搭配
（7）尽量留在顾客身边，如需离开，应先告知顾客并请求其谅解；严禁随便拿取、摆放货品，特别是顾客决定购买的商品，以标准姿势拿取、包装。如顾客试用、试穿的不满意商品过多需拿走时，应先告知顾客，并征得其同意</td></tr>
<tr><td>附加推销（连带销售）</td><td>（1）带动顾客对目标外商品的兴趣（如：新款、折扣商品、新品等其他商品）
（2）将顾客试过的商品放在顾客视线范围以内，给予顾客暗示，在适当的时机进行推销
（3）选择相衬的货品配搭给顾客看，介绍搭配的特点，引导顾客购买</td></tr>
</table>

（续表）

服务步骤		操作说明
售中	附加推销（连带销售）	（4）连带销售时切忌使用封闭的话题（如“需要T恤吗”“需不需要钱夹”等） （5）连带销售一定要在客人确认购买的商品时建议怎样搭配，不要担心之前客人要的商品跑单，因为大部分男性客人一旦决定购买就不会轻易反悔，但如果让他从收银台回来后再做连带销售，男性比较怕麻烦一般不会选择连续两次去收银台 （6）当顾客拒绝购买时，一定不要表现不满
	埋单	（1）询问顾客付款方式，规范开具销售小票，并指引顾客到收银台付款。收到现金时按规定存放 （2）再次检查货品，确保完整无瑕疵 （3）请客人检查商品的完好性（必须提醒顾客检查），并向顾客介绍货品的使用、保养、洗涤等注意事项法，对重要、易误解的细节着重解释，避免因疏忽而造成商品售后投诉 （4）售出商品，包扎、包装符合商品包装要求，外形美观，便于携带 （5）双手将收银票据、货品等一同交给客人 （6）建立顾客资料档案，请客人填写完整的客户信息 （7）向顾客道谢告别（必须保持笑容，眼望顾客），感谢顾客的光临（无论顾客购物与否）并送至门口
售后		（1）免费为顾客修改服装等 （2）对需修改的货品必须让顾客签字确认 （3）告知顾客准确的取货时间 （4）预约3天内的电话回访，询问客人最方便的时间段并在资料上做好记录，以免打扰客人造成客人的反感（如客人拒绝回访，须在资料上进行标注） （5）递上店名片“这是店内的名片，我叫××，有任何问题，请与我联系” （6）如果没有购买“我刚才介绍的产品很适合您，您可以再考虑一下，您能留下您的联系方式吗？有新的信息我好方便通知您。我叫××，这是××的中文图册和专卖店名片，我们下次见。”

五、分析顾客购买心理

顾客在购买服装时都要经过思想酝酿的八个阶段（见图4-1），这八个阶段对任何成交的买卖都是大体相同的。唯有充分地了解顾客购买服装时的心理转换过程，店员才能正确把握顾客的需求，成功的售出服装。

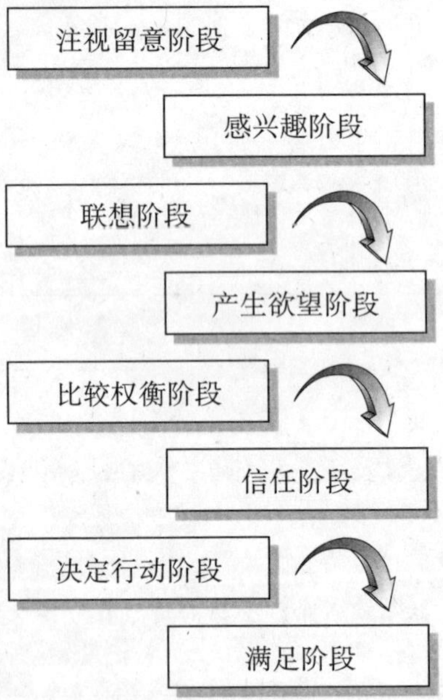

图4-1 顾客在购买服装时思想酝酿的八个阶段

（一）注视留意阶段

当顾客想买或随意浏览时，出现了感兴趣的某款服饰时，便会驻足观看。在浏览的过程中，顾客往往会注意到店内的环境设施、服装陈列以及各种宣传资料、POP的摆放等。

从购买过程来看，这是第一阶段，也是最重要的阶段。如果顾客在浏览中没有发现感兴趣的服装，而店员又不能引起顾客的注意，那么购买过程即告中断。倘若能引起顾客的注意，就意味着成功了一大半。

因此，当有顾客进店时，店员应立即主动地向顾客打招呼，同时结合成品的演示用适当的询问来了解顾客购买意图。

（二）感兴趣阶段

当顾客驻足于服装前，可能会对服装的价格、外观、款式、颜色等中的某一点产生了兴趣和好奇感，同时可能会向店员问一些他关心的问题。

顾客的兴趣源于两方面：服装（品牌、广告、促销、POP、画册等）和店员（服务使顾客愉悦）。这时，店员可以尝试了解顾客的基本信息，并从顾客感兴趣的产品、说话的语气，结合顾客穿着打扮对其进行初步判断，并就其感兴趣的产品进行详细介绍，尤其是强调拥有此服装可以享更高品位。

（三）联想阶段

顾客对我们的服装产生了兴趣时，可能会从触摸和各个不同的角度端详，或相关的产品宣传资料中联想到“此服装将会给自己带来哪些益处?自己能从中得到哪些享受?”顾客经常会把感兴趣的服装和自己的个性联系在一起。

“联想”阶段十分重要，因为它直接关系到顾客对服装表示满意或不满意、喜欢或不喜欢的最初印象和感情的阶段——“喜欢阶段”。在这个阶段，顾客的联想力肯定是非常丰富而又飘忽不定的。

因此，在顾客选购服装时，店员应灵活使用各种方法和技巧（如公司的画册、宣传资料DM）适度地帮助顾客提高其联想力，仔细描绘顾客感兴趣服装的优点，并观察顾客对那一款产品特征更感兴趣，以此发现顾客喜好。

（四）产生欲望阶段

产生联想之后的顾客，接着会由喜欢产生一种将服装占为己有的欲望和冲动。当顾客询问某款服装，并仔细地加以端详时，就已经表现出他非常感兴趣、想买了。

因此，店员要抓住时机，通过细心观察，揣摩顾客的心理，进一步介绍其关心的问题，促进顾客的购买欲望。同时，店员可以让顾客试穿衣服，以强化他想拥有的感觉。

（五）比较权衡阶段

上述的欲望仅仅是顾客准备购买，尚未达到一定要买的强烈欲望。顾客可能会做进一步的选择，也可能会到其他店去比较同类产品，还可能从店中走出去，过一会儿（也可能是几天）又到本店，再次注视此服装。

此时，顾客的脑海中会浮现出很多曾经看过或了解过的同类服装，彼此间做个更详细、更综合的比较分析（比较的内容包括服装的品牌、款式、花色、价格、质量等）。比较权衡是购买过程中买卖双方将要达到顶点的阶段，即顾客通过比较之后又了更全面的认识，将要决定购买与否的关键阶段。

也许有些顾客在比较之后就不喜欢这款服装了，也许有些顾客会决定购买，还有些顾客在这时会犹豫不决，拿不定主意，此时就是店员表现的最佳时机，适时地提供一些有价值的建议，供其参考，帮助顾客下定决心。

随手札记

店员可以把一些可以验证服装的证据，如我们这些款式及花色都是公司的专板设计、老顾客的购买资料等展示给顾客看，并根据顾客的实际需要提出建议，让其感觉到这款产品是最适合去购买的。

（六）信任阶段

在脑海中进行了各种比较和思想斗争之后的顾客，往往要征求（询问）店员的一些意见，一旦得到满意的回答，大部分顾客会对此服装产生信任感。影响信任感的三个因素，具体如表4-4所示。

表4-4 影响信任感的因素

序号	因素类别	具体说明
1	信任店员	（1）店员的优秀服务让顾客产生愉悦的心情，从而对其产生好感 （2）顾客对店员的专业素质（服装专业知识）非常信任，尤其是对其提出的有价值的建设性意见表示认同，从而产生信赖感
2	信任商店（经营场所）	（1）大多数顾客比较注重卖场的信誉 （2）大多数顾客购买服装都喜欢到品牌专卖店
3	信任产品（制造商）	（1）年轻顾客多喜欢名牌及流行时尚的服装 （2）品牌企业值得信赖

在顾客即将产生信任的阶段，店员要用更亲和的服务态度介绍专业知识（如何选购服装、如何搭配等），并对卖场的信誉和产品品牌等加强宣传，使其产生信任感。

此时，店员还可以通过给予一定优惠刺激，“今天买还可以享受一个礼包”或者以“这款产品最近销量比较好，库里不多了”促其尽早下决定。

（七）决定行动阶段

当顾客对服装产生信任后，便进入决定购买阶段，这时顾客会说：“小姐，库房里有新的产品吗？”“可以用信用卡支付吗？”等语言，店员可以因势利导，用总结性的语言，如“这款花色的产品您买是很划算的，回去您家里人一定会高兴的”“您真有眼光，这是今年最畅销的款式”等让顾客感觉到自己做出的选择是正确的。在顾客同意购买决定还不是购买过程的终点。

（八）满足阶段

顾客做出购买决定还不是购买过程的终点。店员应把顾客的愉悦离店看作是销售的重要环节，而不应顾客交了钱就对顾客不管不问，要让顾客得满足感一直持续到离店之后。因此店员应自始至终保持诚恳耐心的待客原则，直到将顾客送出门外。这时顾客的满足感来源于买到了称心得物品和享受了温馨的购买服务。

在此，提供几份服装店顾客购买心理特征分析，仅供读者参考。

【范例 4–04】

××服装店女性顾客购买心理特征分析

当今社会，女性消费者已经成为服装的主要购买者，我们店员应该特别重视这一类顾客，要给予她们耐心周到的服务。要知道，假如赢得了一个女顾客的信心，那么带回来的将不止是一个回头客。

一、购买动机具有主动性

现在家庭中，女性已经成为购物的主力军。根据一项调查资料统计显示，对于家庭日常消费品，61%由女性购买，30%由男性购买，另外9%则由夫妻双方共同决定。应该说，女性较多地进行购买活动的原因是多方面的，有的是迫于客观需要，如筹划家务；有的是为了满足自己的需要，如穿衣打扮等；有的则是把购物作为一种乐趣或消遣等等。所以说，女性消费者的购买动机具有较强的主动性。

二、轻易产生冲动性购买

逛街已经成为当今女性最主要的休闲活动，她们逛商店多是无目的的，事先没有任何计划。为此，众多男性最烦的事情就是陪太太或女朋友逛街了。根据专业调查公司的一份调查资料显示，年轻女性的消费经常会超越常规的轨迹：

（1）非理性消费者占女性消费者支出比重的20%。

（2）受打折影响而购买了不需要或不打算买的东西的女性为56%。

（3）为店内POP及现场展销而心动并实施购买的女性达40.8%。

（4）受广告影响买了没用的东西或不当消费的女性为22.8%。

（5）50.7%的青年女性都有过受到促销职员诱导而产生消费的经历。

（6）55.5%的青年女性“和朋友逛街

随手札记

受朋友影响”而消费了本不打算买的产品或服务。

（7）在极端情绪中购物消费的女性多达46.1%。

女性的心理特征就是感情丰富、细腻，心境变化富于幻想、联想，因此其购买动机带有强烈的感情色彩。卖场的现场气氛、广告宣传、服装包装、陈列布置、店员服务态度及其消费者的购买行为或购买意见等都会对她们的购买行为产生很大影响。比如，当一位妈妈看到某种儿童服装新奇漂亮时，她很快就会联想到自己孩子穿上这套服装会是什么样子，从而引起积极地心理活动，产生喜欢、偏爱等感情，进而促发购买动机。

三、追求时髦，注重外观

爱美是女人的天性。这种爱美心理使得女性在购买服装时，首先想到的不是该服装是否对自己有用，而是要使自己漂亮或时尚。女性的爱美心理也使得她们在挑选服装时更加侧重服装的外观和包装设计。

她们通常会凭着对颜色、式样产生的直觉而形成对产品的好恶。例如，她们往往喜欢造型别致新奇、包装华丽、气味芳香的服装。

四、喜欢炫耀，自尊心强

对于很多女性消费者来说，之所以购买服装，除了满足基本需求之外，还有可能是为了显示自己的社会地位，向别人炫耀自己的与众不同。

五、挑剔，精打细算

在购物时，最善于讨价还价的通常是女性消费者。固然女性消费者更轻易产生冲动性购买，但是在她们保持清醒头脑购物时，其挑剔心理就会强烈地表现出来。这一点在已婚女性尤其是中年妇女身上表现得更为明显。她们购买服装时会左思右想，对同类型服装会货比三家，对价格的变化及其敏感，并对优惠打折的服装怀有浓厚的爱好。

【范例 4–05】

××服装店男性顾客购买心理特征分析

一、购买动机具有被动性

就普遍意义讲，男性消费者的购买活动远远不如女性频繁，购买动机也不如女性强烈，比较被动。在很多情况下，男性购买的形成往往是由于外界因素的作用，如家里人的嘱咐，朋友的委托，工作的需要等。总体而言，其购买动机的主动性、灵活性都比较差。为此，他们通常不喜欢逛街，而且一般是在非买不可的情况下才会购物。

二、目的明确，迅速果断

男性较强的独立性和自尊心直接影响到他们在购买过程中的心理活动。他们在购买服装时目的明确，能够迅速形成购买动机并立即导致购买行为，即使是处在比较复杂的情况下，也能够果断处理，迅速做出决策。

三、注重服装质量、实用性

相对女性而言，男性更善于控制自己

的情绪，在处理题目时能够冷静地权衡各种利弊因素，从大局着想。为此，男性消费者购买服装多为理性购买，不轻易受到外观、环境及他人的影响。在购买活动中的心境情绪变化不如女性喜欢联想、幻想，感情色彩比较淡薄。他们更加注重的是服装的使用效果及整体质量，并不会太关注细节。

四、自尊心强，不善于讨价还价

由于男性本身所具有的攻击性和成就欲较强，所以男性消费者普遍具有强烈的自尊心，购物时喜欢选购高档气派的产品，不太注重价值题目，而且不愿讨价还价，忌讳别人说自己小气或所购产品“不上档次”。

五、具有明显男性特征

男性消费者以为男性的特征是粗狂有力，在购买服装时，往往对具有明显男性特征的服装更为感爱好，如夹克、西装等。为此，在接待男性顾客时，店员要留意动作的迅速，语言简洁、切中要点，切不可磨磨蹭蹭的，说话不着要领。

【范例 4–06】

××服装店不同性格顾客购买心理特征分析

不同个性特征的人，在购物时有着不同的表现。店员应认真分析顾客的不同个性特征，并采取相应的对策。

一、从容不迫型

这类顾客在购物时沉着冷静，理性思考。他们会认真看服装，观察他人对服装的意见，并仔细聆听店员的解说，对自己所不明白或者不赞同的方面积极提出问题或看法，但他们不会轻易为外界事物、广告宣传以及店员的鼓动所影响，在冲动之下购买的行为是不会发生在他们身上的。此外，假如你给他们留下不好的第一印象，那么你将很难再获取他们的欢欣，甚至连第二次见面的机会都没有了。

因此，对于这类型的顾客，店员切忌操之过急，而应谨慎地运用层层推进的办法引导顾客的购买行为。店员必须从熟悉产品特点着手，多方分析、比较、举证、

随手札记

提示，使顾客全面了解产品及款式的优点所在。他们只有在理智的分析考虑之后，才有可能接受销售建议。

二、优柔寡断型

这类顾客在购物时通常举棋不定，总是觉得这件好那件也不错，难以下定决心。他们对于服装的一切因素，包括质量、价格、品牌等，都是反复比较，难以取舍。只要服装质量有任何一点细节的地方让他不满或者存有疑虑，他们就很难有勇气下定决心购买。

因此，对于这类型的顾客，必须保持耐心。即使已经是接近成交的曙光，也不可掉以轻心，由于他们说不定又由于哪一方面的考虑而退却了。在商谈时，尽量不受到对方情绪的影响，对他们所提出的一切异议都要认真对待，拿出有力的证据说服他们。一旦他们产生购买欲望，就要果断地采取行动，不可以拖泥带水，应“逼促”对方迅速做出决定。

三、自我吹嘘型

这类顾客的虚荣心很强，总是喜欢自我吹嘘，炫耀自己。比如，当说到品牌信誉度很好时，他们总会说：“我买了好几件某某品牌呢，比你们要好多了。”

因此，对于这类顾客，冷暄要远比先容更为重要。你最好是少说多听，津津有味地为对方称好道是，且表现出一种羡慕敬佩的神情，做一个“忠实的听众”，先满足对方的虚荣心，然后再提出交易请求，让他们在骑虎难下的时候进行交易是成功率最高的。

四、豪爽干脆型

这类顾客性格开朗乐观，做事干脆，不喜欢拖泥带水的做法，但又往往缺乏耐心，容易感情用事，有时会轻率马虎。

因此，对于这类顾客，店员应侧重于情感攻击，让对方觉得你也是个喜欢交朋友、把友情看得比买卖更重的人。商谈价格更是不绕什么弯子，直爽地报出你的价格，并告诉他：“我们的价格很实在，买与不买就看您的了。”要知道，假如你也表现得很爽快，他们会很乐意和你交朋友的，一旦成为朋友，他们是不会轻易拒绝你的。

五、喋喋不休型

这类顾客喜欢闲聊，常使店员在销售过程中被不相关的事情干扰，并且总是喜欢凭自己的意见和主观意志判定事物，不轻易接受别人的观点。

因此，对于这类顾客，店员必须保持足够的耐心和控制能力，要随时留意将谈话拉回主题。在洽商时，态度要和善，不要过于热情，应选择适当的时机结束倾听。当顾客情绪高昂、高谈阔论时要给予公道的时间，切不可在顾客兴致正高时贸然制止，否则会让对方产生怨恨，愈想急切地向对方说明，愈会带来逆反作用。

六、沉默寡言型

这类顾客处事老成持重，感情不易冲动，在购物时经常是只留意聆听店员的意见，但却不轻易表达意见，销售人员很难知道他内心的真实想法。

因此，对于这类顾客，店员应做个循循善诱的“长者式店员”，善于解答他们心中的疑虑，了解和把握他们的心理动态，才能确保双方的销售洽商不至于因冷淡而破裂。店员洽商时，千万要避免讲得太多或者是只说不问，应引导对方谈谈他自己的看法，鼓动他说出自己的观点，甚至可以用问答的方式来引导对方开口说话。

七、吹毛求疵型

这类顾客对于店员总是抱有不信任的态度，以为店员只会夸张地说自己的产品如何如何好，却不会说产品有什么缺点和不足之处。在购物时，他们总是疑心很重，并且争强好胜，喜欢鸡蛋里挑骨头，一味唱反调或者抬杠，乐于当面和店员辩论一番。

因此，对于这类顾客，店员应避免过分地掩饰服装的缺陷，而是要避重就轻，采用“负正法”进行解说。在探询出对方不满足的原因之后，逐一予以详解，用事实来支持自己的论点，并且少谈论题外话，以免节外生枝。当然，在心理上，你也可以尽量满足对方争强好胜的习惯，采取“迂回战术”，先与他交锋几个回合，但必须适可而止，然后故作“投降”，假装败下阵来，让其吹毛求疵的心态发挥完之后再转进销售的话题。

八、虚情假意型

这类顾客表面上和蔼友善，对店员的解说抱着欢迎的态度，你有所问他必有所答。但一到具体的购买事宜，就会顾左右而言他，或者装聋作哑，不做具体表示。

因此，对于这类顾客，你要有足够的耐心与之周旋。你首先应取得对方的信任，光凭嘴说是没用的，你最好能拿出有利的证据。对于价格，千万不要轻易答应对方要求，否则对方不但会得寸进尺，甚至会由于你的让价而反以为产品质量存在题目，从而动摇他的购买决心和购买欲看。

九、冷淡傲慢型

这类顾客通常是盛气凌人、不可一世，拒人于千里之外。他们思想顽固，不会轻易接受别人的建议，但一旦建立起业务关系就能维持较长的时间。在购物时，对服装质量和交易条件都会逐项审阅，直

随手札记

至完全满足为止。

因此，对于这类顾客，应以尊敬、恭维、不卑不亢的态度对待，但必须坚守态度。有时候，你可以适当地采用激将法，刺激对方的购买欲和爱好，可能会更轻易促成交易。

十、情感冲动型

这类顾客轻易冲动，往往感情用事，多少带有点神经质，对于事物的变化总是很敏感的，并且爱往坏处想，任何一点小事，都有可能引起他们的不良反应。

对于这类顾客，店员该表现得果断，不要给对方留下反复的余地。在洽商时，不要随便开玩笑，以免说错话，引起对方误会；一旦他的购买情绪被调动起来，你就要适时地引导成交，开单收款应迅速，以防止其反复。

【范例 4–07】

××服装店老年顾客购买心理特征分析

老年人喜欢购买用惯了的东西，对新产品常持怀疑态度，购买习惯稳定且不易受广告影响，希望购买方便舒适，对店员的态度敏感。

一、老年顾客的购买动机

随着年龄增加，他们的消费经验也不断地增加，哪些服装最能满足自己的需要他们心中有数，因此他们会多家选择，充分考虑各种因素，购买自己满意的服装。据统计，有20%的老年顾客属于习惯型的消费者。通过反复购买、使用某种服装，对这种服装有着较为深刻的印象，逐渐形成固定不变的消费习惯和购买习惯。老年人的习惯购买心理还表现在：对于不了解的服装不轻易采用，极少发生冲动性购买。

可以发现，老年人也不是绝大部分属于习惯型消费者。随着时代的进步和生活节奏的加快，老年人表现出适应新环境和新事物的能力和愿望，方便使用才是他们真正考虑的因素。从图中我们可发现属于经济型的老年顾客占的比重并不高。由此可见，现在的老年顾客已不是我们想象中的那种只求价格便宜的消费者了。他们在购买服装时会考虑各方面的因素，价格只是他们考虑的因素之一。

二、购买服装时考虑的因素

老年顾客把服装的实用性作为购买服装的第一目的性。他们强调质量可靠（29.8%）、方便实用（26.4%）、经济合理（25.8%）、舒适安全。至于服装的品牌、款式、颜色、包装装潢，是放在第二位考虑的。随着人们生活水平的改善，收入水平的提高，老年顾客在购买服装时也不是一味追求低价格，品质和实用性才是他们考虑的主要因素。

三、老年人购买行为特征

1. 购买方式

老年顾客大多数选择在大商场和离家较近的商店购买。这是因为觉得大商场所提提供的服装一般在质量上可以得到保障，而且老年顾客的体力相对以前有所下降，希望能够在比较近的地方买到自己满意的服装，并且希望能够得到周到的服务。

2. 陪伴方式

因为老年人大多害怕寂寞，而其子女由于工作等原因闲暇时间较少，所以老年顾客多选择与老伴和同龄人一道出门购物。老年人之间有共同话题，在购买服装时也可以互相参考、出谋划策，对于哪些服装适合于老年人比较了解。

这就说明，影响老年顾客购买行为的相关群体主要还是老年人。经调查，由于某些原因独自一人外出购物的老年顾客占37.4%。对于这一部分老年顾客，店员更要提供热情周到的服务，必要的时候提供送货上门服务等。

3. 心理惯性强，品牌忠诚度高

老年人在长期的消费生活中，形成了比较稳定的态度倾向和习惯化的行为方式，它主要表现在日常生活中的购买方式、使用方法、服装认知（或品牌认知）等方面。老年顾客对商标品牌的偏爱一旦形成，就很难轻易改变。

4. 价格敏感度高，要求物美价廉

老年顾客对服装的普遍要求是物美价廉。认为“勤俭节约”是一种美德，穿衣服要“新三年，旧三年，缝缝补补又三年”，吃饭要“粗茶淡饭”。在这种节俭传统的影响下，老年人购物，一方面注意价格，择廉选购；另一方面是要求实惠。从一般的消费心态看，年轻人花钱买靓丽、买时尚，老年人花钱买实用、买传统。

5. 注重实际，追求方便实用

老年顾客心理稳定程度高，注重实际，较少幻想。购买动机以方便实用为主，在购买过程中，要求商家提供方便、良好的购物环境和服务。

由于精力、体力随人的年龄增加而不断下降，即使生活情趣很高的老年人，对购买时的路途奔波、服装挑选的烦琐或者商场中人流的拥挤，也大多会感到心有余而力不足。

6. 补偿性消费

随手札记

补偿性消费是一种纯粹的心理性消费，它是一种心理不平衡的自我修饰。在生活消费中表现为，人们将现代消费水平与过去消费进行比较，比较的结果大多是对过去生活某些方面感到遗憾和不满足，当家庭或个人生活水平较高且时间充裕时，对过去遗憾和不满足的补偿往往会成为他们的消费追求。

这在生活中追忆往事是老年人的心理特征，而向往和憧憬未来是青年人的心理特征。同时，由于子女成人独立后，老年人的经济负担减轻，会试图补偿过去因条件限制未能实现的消费愿望，在穿着打扮方面有着较强烈的消费兴趣。

【范例 4–08】

××服装店中年顾客购买心理特征分析

中年人的心理成熟，个性稳定，不再像青年人那样爱激动，爱感情用事，而是明智剖析处置问题。中年人的这一心理特征在他们的购买行为中也有同样的表现。

一、明智性胜于激动性

随着年龄的增长，青年时的激动心情慢慢趋于平稳，明智逐步支配行动。中年人的这一心理特征表现在购买决策心理和行动中，使得他们在选购服装时，很少受服装的外观要素影响，而比较重视服装的内在质量和性能，常常经过分析、比较后，才做出购买决议，尽量使本人的购买行为合理、正确、可行，很少有激动、随意购买的行为。

二、方案性多于自觉性

中年人固然控制着家庭中大局部收入和积存，但由于上要奉养父母，下要哺育子女，肩上的担子十分沉重。多数人懂得量入为出的消费准绳，开支很少有像青年人那样马马虎虎、无牵无挂、自觉购买。因而，中年人在购买服装前常常对服装的品牌、价位乃至购买的时间、地点都妥善布置，做到心中有数，对不需求和不适宜的服装绝不购买，很少有计划外开支和即兴购买。

三、购买务实用，节省心理较强

中年人不再像青年人那样追求时髦，生活的重担、经济收入的压力使他们越来越实践，买一款实用的服装成为多数中年人的购买决策心理和行为。因而，中年人关注的更多的是服装的价格能否合理，能否经济耐用。服装的适宜的价钱与较好的外观的统一，是中年消费者购买的动因。

四、购买有主意，不受外界影响

由于中年人的购买行为具有明智性和方案性的心理特征，使得其做事大多很有主意。他们经历丰厚，对服装的鉴别才能很强，大多愿意选择本人所喜欢的服装，关于店员的推荐有一定的判别和剖析才能，对广告类的宣传也有很强的评判才能，受广告这类宣传手腕的影响较小。

五、购买随俗求稳，注重服装的实用

中年人不像青年人根据个人喜好停止购买。他们更关注别的顾客对该服装的见解，宁可压制个人喜好而表现得随俗，喜欢买一款群众化的、易于被承受的服装。

由于中年人的工作、生活担负较重，工作劳累以后，希望减轻家庭负担，因此非常喜欢具有实用的服装，买了之后就一定会穿，不会扔到一边当摆设。

【范例 4-09】

××服装店青年顾客购买心理特征分析

青年消费者人口众多，也是店员竞相抢夺的主要消费目的。因而，了解青年消费者的购买心理特征，对于店铺的运营和开展具有极端重要的意义。

一、追求时髦与新颖

青年人的特性是热情豪放、思想活泼、富于梦想、喜欢冒险，这些特性反映在购买心理上，就是追求时髦和新颖，喜欢购买一些新的产品，尝试新的生活。在他们的率领下，消费时髦也就会逐步构成。

二、表现自我与个性

青年人的自我认识日益增强，激烈地追求独立自主，在做任何事情时，都力图表现出自我个性。这一心理特征反映在消费行为上，就是喜欢购买一些具有特征的服装，而且这些服装最好是能表现本人的个性特征，对那些普通化、不能表现自我个性的服装，他们都嗤之以鼻。

三、容易激动，注重情感

由于人生阅历并不丰厚，青年人对事物的剖析判别才能还没有完整成熟，他们的思想感情、兴趣喜好、个性特征还不完整稳定，因而在处置事情时，常常容易感情用事，以至产生激动行为。他们的这种心理特征表如今消费行为上，那就是容易产生激动性购买，在选择服装时，感情要素占了主导位置，常常以能否满足本人的情感愿望来决议对服装的好恶，只需本人喜欢的东西，一定会想方设法，迅速做出购买决策。

六、跟进新员工工作情况

作为店长，需要不时跟进新员工工作情况，了解其技能掌握情况，发现问题后

随手札记

予以指导，以便让新员工更快地适应工作环境。同时，对于不符合要求的新员工，及时予以辞退。在此，提供一份新入职员工技能掌握推进表，仅供读者参考。

【范例 4–10】

××服装店新入职员工技能掌握推进表

时间段			工作内容	工作职责	考核标准	考核评分	负责人（店长助理）	跟进人（店长）	考核人（督导）
第一阶段	试岗期三天	第1天	了解店铺基本情况	（1）带领新员工认识店铺员工加强对店铺的了解 （2）让新员工了解店铺基本工作的要求	（1）要让新员工感受到店铺整个团队的和谐氛围 （2）让新员工对工作基本要求的熟知包括服装、鞋袜、妆容的要求等				
		第2天	了解公司企业文化及品牌初步知识	（1）带领新员工了解企业文化 （2）了解品牌：包括品牌的历史、商品的分类、主打商品的特色	（1）新员工对公司的历史有所了解 （2）知道品牌的主打商品的特点 （3）能够掌握和了解主打商品与其他品牌的区别和优势				
		第3天	让员工了解销售及营运流程	（1）新员工要了解店铺的营运流程包括个各时间段的工作内容 （2）让新员工了解销售基本步骤	（1）让新员工对销售的流程要熟记 （2）对新员工在店铺内营运流程的掌握				
第二阶段		第1～3天	让新员工了解商品的陈列规范	要让新员工学会将商品如何陈列整齐，包括叠装、裤装、正挂、侧挂等陈列基本规则，保证店铺环境的美观	（1）新员工能够快速地将弄乱的商品按规范叠整齐并归位 （2）侧挂商品间的距离能够始终保持一致 （3）正挂商品出样的规范				

（续表）

时间段			工作内容	工作职责	考核标准	考核评分	负责人（店长助理）	跟进人（店长）	考核人（督导）
第三阶段	试用期第一个月	第4～6天	让新员工了解并熟记基础的商品知识和点货及整理仓库	（1）商品的尺码规范和货号的组成 （2）新员工开始点货，平均45件商品/分钟 （3）能按照标准整理仓库	（1）员工要在看到货号的第一时间知道所对应的商品品类 （2）按照标准时间点货 （3）整理仓库货品整齐，有序，无杂物				
		第7～10天	熟记商品价格、面料、尺码对照	（1）包括商品的价格区间、各个单品的价格和面料，尤其对各畅销款的价格要熟记 （2）了解每类商品的尺码，熟悉尺码间的相互转换	（1）新员工要对所拿商品快速的说出其价格，保证准确率不低于95% （2）能准确拿出顾客身材所对应的商品尺码				
		第11～16天	考核新员工货号、尺码断码及库存位置	（1）记忆每款商品的货号 （2）记忆商品的特码及断码 （3）记忆商品在店铺及仓库的具体摆放位置，快速找到货品，找货时间为30秒/件	（1）新员工熟悉店铺商品的货号 （2）新员工要对所拿商品说出其断货尺码，保证准确率不低于96% （3）快速找到商品在店铺及仓库的具体摆放位置				
		第17～23天	熟练掌握销售步骤的具体服务内容	包括每一步服务的标准性及规范化，具体到销售每一步的销售串词。按照公司服务标准执行	新员工要对销售每一步熟练掌握，包括面部表情、语言串词等				
		第24～30天	要让新员工熟记店铺畅销款及滞销款的商品	要让新员工了解店铺内畅滞销商品，掌握推销技巧，减少库存	（1）要求新员工要记住畅滞销商品的货号、尺码，要能及时推销滞销款商品 （2）能够看到货号准确描述出货品的模样				

七、及时清理换季商品

换季是对一季的销售活动画一个句号，也是新一季的开始。换季作业的顺利与否，安排是否妥当，对服装店的上一季销售剩余商品的处理及新一季商品的分配及销售，都有重大的影响。因此，店长在处理换季作业时必须要有详细计划。

（一）确定换季时机

1．上一季商品的出清状况

如果出清速度超过预期，就要考虑提前换季；如果出清速度慢，就要考虑提前换季能否吸引顾客，行情若不乐观，应按照原计划进行。

2．新一季商品准备的情况

公司总部商品是否可如期交货？商品准备的情况将直接影响换季作业。

3．服装店货品周转率

若周转率低，可先安排换季；反之，周转率高的服装店可较慢换季，把周转率低的服装店中的剩余商品集中到周转率高的服装店，把握最后的机会做商品出清。也可以编制货品周转分析表（见4-5）加以管理。

表4-5　货品周转分析表

单位：　　　　　　　　　　　　　　　　　　　　年　　月

款号	品名	规格	期初存货	期末存货	出货金额	周转率	周转日	备注

制表人：

4．气候的变化

换季都是在季节转换、气候最不可捉摸的时候。气候如果有大的变化，不合时令的服饰就要收起来。

5．商场的换季时间

店中店必须配合所在商场的换季时间。

6．换季广告

换季广告一经推出，表明新的一季正式登场，此时上一季的商品就不应该再在卖场里出现。

（二）换季前期作业

店长应按进货作业中商品配送前置作业所述，应考虑以下各点要求：

（1）服装店合理的商品容纳量，含卖场展示量及库存量。

（2）各服装店的商品组合计划。

（3）当季商品规划的风格与主题。

（三）换季商品处理

由于服装季节性明显，且服装产品更新的速度越来越快，如何处理不断增加的库存便成了最令服装店店长头痛的问题之一。

1．适度特卖

任何一个服装店铺想要实现零库存都是不现实的，因此，可以掌握好节奏，在适当的时候做些适当的特卖活动；比如，团购、VIP惠售、发行优惠券、时间段抢购、节假日促销等方法。一般来说，这样的方法不太会损害店长的信誉、形象，也不容易影响与供应商的关系。

2．及时与批发商调货

如果店内积压存货过多，一定要及时地与批发商调货。

经营某儿童品牌服装的小陈在北京开店两年多了，她的防止库存的秘诀就是及时与批发商联系换货。在进货时，她坚持少量多款，并且给店里的店员定下规矩，只要新进的款式在3天内没有人询问，或者在5天内没有售出，便迅速返回批发商那里调换其他颜色或款式。目前服装批发市场的竞争非常激烈，批发商为了尽量多卖货，一般都允许调换同款的其他颜色或款式。对于那些不允许调换的批发商，小陈是坚决不会去拿货的。用她的话说，这种防止压货的方法不仅给她带来了最大的现金流，也让店里新款层出不穷，非常吸引顾客的目光。当然，这样做也有一个缺点，就是要时常看批发商的脸色，而且调货不能太过频繁。

3．淡季多种经营

在服装店的淡季时期，店长要根据本店特点选择各种经营方式，来弥补淡季的亏损。

随手札记

“200元进的衣服，如今180元都要卖出去。”9月还没到，经营某品牌女装的小刘就开始换季大清仓、大甩卖了，她说，宁可亏钱、不可压货，这是服装淡季的一个销售原则。店铺运转资金主要是每月卖出去的钱，如果货被压住了，最多两个月就支撑不住了。甩货主要是为了保租金，挺过两三个月，坚持到旺季。

小刘的服装店为防止压货，还不到换季的时候就不再进当季货品了，精明的她会在此时把服装店偷偷“变脸”，投向那些旺季产品。比如，她会把以前做陪衬的一些皮包、小饰品等摆到显眼的位置，像耳环、项链、手链、脚链这些小饰物，以及设计可爱的卡通包、帆布包等，虽然赚的钱不多，但单个商品的利润还是很高的，而且打眼的商品很容易吸引客流，有时候人一多还会忙不过来，淡季也就容易熬过去了。用小刘的话说，只要稍微动动脑筋还是有适合的生意可做的。

4．寻找特殊的销售渠道

当现有的销售渠道不够用，无法消化库存的时候，可以考虑针对目标消费群体，开辟其他形式的销售渠道。

在成都专业经营品牌运动服装的店长小张最近非常苦恼，因为积压的数百套款式过时的运动服装，占用了大量资金。通过门市显然无法在短期内将这些库存卖出去。后来小张找到了一个方法。所在店铺附近有好几所大中专院校，而学生们显然是运动服的主要消费群体，而且大学生普遍爱穿名牌，但很多学生则因为经济问题而买不起名牌运动服。小张通过市体育局的一位朋友介绍，联系上了十多所学校的体育协会、体育系或者负责体育设备的老师。他以低于市场零售价格30%的价格将运动服卖给在校学生，同时每套给予相关体育负责人10%的提成，这是一件对双方都很有好处的事情。于是，有的学校给他提供了短期销售场地，有的给他提供了广播广告及公告栏广告的支持，有的勤工俭学中心还专门组织学生为他跑推销；小张还自己出点小钱赞助了一些学校的羽毛球赛、篮球赛之类的活动，进一步增进了与学校的关系。因为价廉物美，3个月后，小张的全部积货居然都清空了。

现在还出现了一些专业收购库存产品的公司，设置专业的卖场进行库存品销售，店长也可以考虑与这些公司合作。

5．用库存品交换广告

毫无疑问，投入广告肯定可以提升店长的知名度，如果是做广告很多时候还可以获得供应商一定程度的支持，而很多媒体是允许用货品来冲抵广告费的，这样做有利于店长将来的经营活动，属于用眼前的损失交换未来的收益。

八、如何管理试衣间

由于服装有尺寸大小的问题，服装店提供试衣的服务又是必不可少的，试衣间又是服装店铺为满足顾客购买需求而提供的。试衣间设施的好坏，会影响到顾客的购买情绪。因此，试衣间必须保持干净整洁，不能成为店铺店员存放私人物品或堆放库存品的仓库。

（一）试衣间基本要求

（1）必备配件有衣物挂钩、衣架、试衣凳等。

（2）顾客在试下半身的裙、裤时，需脱下鞋子，故试衣间内应配备拖鞋或脚垫，这也是十分必要的。

（3）为方便顾客在更衣后整理弄乱的头发，梳子也不可少。

（4）试衣间内提供镜子与否经常引起争议，提供镜子是对顾客的尊重，但却阻碍了店员对顾客建议和调整的机会，因此有些服装店铺采取折中的做法，在试衣间内设有仅能照半身的小镜子，而在试衣间外提供较大的镜子。

（5）为了在试装时给顾客一个整体效果的预览，可以在试衣间准备多数人适用的高跟鞋，以衬托服装效果。

（6）试衣间的地板可略高于卖场地面，如此可营造较清洁的感觉。

（7）试衣间内应挂有不同服装的各项尺寸换算表，以方便顾客调换衣服时运用。

（二）注意事项

店长在试衣间管理中应注意事项，具体如表4-6所示。

表4-6 试衣间管理注意事项

序号	事项类别	具体内容	备注
1	隐私问题	每个人在试衣服的时候都要经历不可示人的阶段，在试衣间的设计上应该着重考虑保护顾客隐私的问题	比如说某服装店试衣间的“门”都是布帘子，拉不严的会留下一条细缝，叫更衣人心惊胆跳。这还不止，那里有三个试衣室，其中一个恰好对着上二楼储物室的楼梯，可以很清楚地看到上下楼的人，而从楼梯那里也可以很清楚地从布帘子上方看见试衣室的人。这样的试衣间即使准备更多，也无法让顾客安心地在里面试衣服
2	面积不能太小	通常的试衣间都是恰好只能容一个人，尤其是那些内衣专卖店，如果顾客较“胖”，那就抱歉了	试衣间应是为所有来服装店消费的顾客提供服务的，并不是只为身材好的顾客准备的，万万不可让试衣间成为体形较胖的顾客感到羞辱的地方
3	装修不能太简陋	一个好的试衣间，在装修上要考虑顾客使用是否舒适，灯光是否能够衬托出明显的效果等	许多试衣间没有安装镜子。有很多人都希望自己试衣的时候可以不用出来照镜子。例如，那些能把萝卜腿暴露无遗的贴身裤，而且也不用被那些无论顾客穿什么都会赞扬一通的导购员所误导

九、编制员工绩效考核方案

作为服装店店长，需要根据本店实际情况，配合总部人力资源部编制门店员工的绩效考核方案。在此，提供一份服务店员工绩效考核方案，仅供读者参考。

【范例 4-11】

××服装店员工绩效考核方案

一、绩效考核的目的

（1）通过制定有效、客观的考核标准，对店铺各岗位员工进行客观、公平、公正的考核评定，激发员工的积极性和创造性，提高员工的工作效率和基本素质。

（2）绩效考核直接、明确、反映各岗位员工的销售能力、执行能力、胜任能力和店铺的经营状况，真正实现各岗位员工在竞争当中进步、在协作中共赢的和谐、团结工作氛围。

二、绩效考核方案的适用范围和考核时间

（1）本方案适用的员工对象包括：店铺各岗位员工。

（2）考核方式和时间：月度考核奖金由月度销售目标完成率的公佣金奖金和个人销售提成组成，每月5日前由总经理、销售经理、各区域负责人进行综合考核。

三、绩效考核的构成

1. 考核方式

实施月度绩效考核：根据公司拟订的店铺每月度销售指标；店铺月度销售指标应结合店铺实际发生的经营成本、费用及店铺历史同比月销售数据科学制定，店铺每年度/季度/月度销售目标不得低于历史同比实际销售额的110%，区域负责人及店长在每年的12月10日和5月10日前需制定好各店铺半年度/季度/月度销售目标，并报销售经理和公司审核确认后，签订任务目标书；每月的销售目标由区域负责人协助店长具体分解到每周每天及落实到各岗位店员，并督促/跟进其确保完成。

2. 月度绩效考核的构成

店铺员工月度绩效奖金=店铺月度销售目标完成率的公佣金额+个人当月销售提成

个人公佣奖金=店铺当月度销售目标完成率的公佣金额÷当月员工全勤应上班天数×该员工实际上班天数

店铺店长/对班月度绩效奖金=店铺月度销售目标完成率的公佣金额+相应销售目标完成额的管理奖金

店长（对班）管理奖金=当月店长（对班）相应销售目标完成额的管理奖金÷当月员工全勤应上班天数×该店长（对班）当月实际上班天数

3. 销售目标与奖金

店铺月度销售目标完成率的相应公佣金额基数及店长、领班管理奖金。

店铺月度销售目标与奖金

月度销售目标实际完成情况	公佣奖金额（元/每人）	店长管理奖金	领班管理奖金
完成销售目标的120%以上	720	900	800
完成销售目标的111%～120%	600	750	600
完成销售目标的101%～110%	520	550	450
完成销售目标的91%～100%	440	400	300
完成销售目标的81%～90%	380	200	150
完成销售目标的70%～80%	320	100	80
完成销售目标的70%以下	无	无	无

（四）个人当月销售提成比例

个人当月销售提成比例，具体如下表所示。

个人当月销售提成比例

个人月度销售目标实际完成情况	提成比例
完成个人销售目标的120%以上	1.60%
完成个人销售目标的111%～120%	1.50%
完成个人销售目标的101%～110%	1.40%
完成个人销售目标的91%～100%	1.30%
完成个人销售目标的81%～90%	1.25%
完成个人销售目标的70%～80%	1.20%
完成个人销售目标的70%以下	无

随手札记

4. 基本工资

店铺员工各岗位级别基本工资等级标准，具体如下表所示。

基本工资等级标准

单位：元

<table>
<tr><th rowspan="2">职务级别</th><th colspan="2">店员</th><th colspan="3">对班</th><th colspan="3">店长</th></tr>
<tr><th>试用</th><th>转正</th><th>试用</th><th>转正</th><th>津贴</th><th>试用</th><th>转正</th><th>津贴</th></tr>
<tr><td>初级</td><td>1900</td><td>2200</td><td rowspan="2">2000</td><td rowspan="2">2400</td><td rowspan="2">250</td><td>2200</td><td>2800</td><td>300</td></tr>
<tr><td>高级</td><td>2000</td><td>2300</td><td>2800</td><td>3200</td><td>350</td></tr>
</table>

备注：

（1）根据员工近三个月的个人工作表现和业绩，参照上表，对店铺员工的薪酬评定进行套级，报销售经理和总经理审核，并以此作为其基本工资的核算依据。

（2）以上级别岗位每季度进行综合考核评定，连续6个月个人综合评分达到95分以上，可申请进行工资级别调升；连续6个月个人综合评分底于70分以下，公司进行降级降薪处理。

（3）员工试用期一般为1～2个月，店长/对班试用期为3～6个月（根据职务不同确定），试用期内只计算基本工资、岗位津贴、公佣奖金、餐费补贴及化妆补贴，试用期第二个月开始计算个人销售提成/店长和对班计店铺销售目标完成额的管理奖金。

5. 薪资发放方式

基本工资、月度绩效奖金、餐费补贴/化妆费（以考勤天数计），每月10日前由公司统一核算，公司财务部进行复核后予以发放。

四、附则

（1）本方案所规定的事项内容，若有修订必要时，需呈报总经理审批，考核内容可根据实际情况进行适当的调整，不再进行方案的全面修改，均视同有效方案。

（2）本方案于××××年××月××日起开始实施。

十、如何做好季度工作总结

每个季度结束时，店长都应对服装店整体工作进行总结，同时要与季度工作计划进行对比，看看计划中的工作是否顺利完成，如果没有，则应找出问题，并在下一季度的工作中着手解决。

一日工作安排与落实

一周工作安排与落实

月度工作安排与落实

季度工作安排与落实

年度工作安排与落实

管理心得

管理心得，其实是服装店店长对自己个人工作的总结。可以是对某一个事件的看法，也可以是某一项工作的实施计划；可以是成功的经验，也可以是失败的教训。

我的季度管理心得

已办事项	
未办事项	
待办事项	
通过这一季度的工作，我最大的收获是：	

第五章

如何安排与落实年度工作

年终又到了，店长要对本年度的服装店工作进行总结，同时要制订下一年度计划，实行年终大检查……

这个时候可以说是店长忙得团团转的时候。其实，你也可以不用让自己显得如此忙碌，比如：提前将年终各项工作做好安排，就可以让每件事情都按照计划进行。当然，预留一定的时间来应对突发事件，可以让你的年终各项工作更好地完成。

一、如何编写年度工作总结

年度工作总结（以下简称年终总结）包括店长个人和服装店整体两种，无论是哪一种，店长都不要忽视。如果能做到文、数、表、图综合运用，甚至是多媒体的演示，将要表达的核心思想准确、清晰、生动地呈现出来，会更能得到领导认可。

当然，所有的形式都要为内容服务，要想全面系统地做好年终总结，一般来说，可按照以下几个方面来组织内容：

（1）工作业绩，包括服装店所取得的成绩。

（2）服装店建设，包括服装店的制度建设，员工工作能力的提高、员工工作士气的提高、团队协作情况的改善等。

（3）将服装店员工之间有效协作的情况反映出来。

（4）对希望解决的问题，要提出问题并提供相应的解决对策。对于实在是没办法解决的问题，必须明确提出解决问题需要的资源和支持。在此，提供一份服装店店长个人工作总结，仅供读者参考。

【范例 5-01】

××服装店店长个人工作总结

工作一年来，我的感受很深，见到的人，遇到的事，对我都有大大小小的影响和帮助。我在这几年过程中，更加成熟、自信，这一切离不开领导的信任，离不开家人的支持。29岁的我现在有很多角色：一个尽职的服装店长、一个孝顺的女儿、一个体贴的妻子、一个合格的妈妈。在同龄人中，我或许不是最优秀的，但我肯定是最用心最努力的。

回想几年前，由于刚生完小孩，整个心思都放在小家伙身上，每天的生活也是围绕着他，照顾孩子的过程辛苦忙碌，但是更多的时候，我还是觉得自己的生活单调乏味，离开工作的日子里，觉得自己离这个社会也很远……孩子慢慢长大，我终于又有机会重新回到忙碌充实的工作中。这样的机会我很珍惜，一步一个脚印，我由最初的一名导购员成长为如今的店长。

刚开始，我很担心自己是否有能力挑起这个担子，担心销售额上不去，担心工作太忙没时间照顾孩子……我甚至打了退堂鼓。可是领导却很信任我，相信我能行。我自己也开始鼓励自己勇敢地试试，看自己到底有没有这个能力。今天的我，很庆幸当初没有放弃。一路走来，我不断挖掘自己身上的潜能：与不同的顾客交流，外出学习先进的经验，带领本店的员工做好销售。

回顾近一年来的情况，为了提高自身能力素质，上让领导放心，下让店员满意，我系统地学习了服装行业的相关知识，全面提高自己，力争在语言表达的能力上有突破，在协调关系的能力上有突破，在组织管理的能力上有突破，在完成工作的标准上有突破。通过学习，感到既开阔了眼界，又丰富了头脑，既学到了知识，更看到了差距。在不断的学习中提高了自己的能力素质，增强了干好本职工作的能力。

作为一名店长，我要引导员工按正确的方向进行工作。我认为店长的工作，一方面要严抓管理，另一方面应该发挥指导、配合和策划的专长。

管理应该理为先，理的不是制度、不是流程，而是心态，是包括工作和生活在内的员工心态培养员工的心态应该以企业文化为基础，实际情况为主，客观环境为辅，培养员工的自信、自尊和明确的自我认知度；培养员工团队协助精神和集体观念，加强员工和各部门负责人之间的相互协作和配合；培养员工永不满足的学习心态。我要他们不仅要掌握本区域相关知识，也要知晓相邻区域的服务常识。企业文化不是要把我们的思想本位化，而是把这个品牌形象充分本土化，和当地文化更好地融合。因此我要培养员工换位思考、打破思维定势的意识，加强相互学习，才能取长补短，相互辅助。

总结过去是为了更好地面向未来。在今后，我将继续克服困难，勇于开拓，把工作做好，带领大家努力完成好公司下达的工作任务

现在，门店的管理正在逐步走向数据化、科学化，管理手段的提升，对店长提出了新的工作要求，熟练的业务将帮助我们实现各项营运指标。新的一年开始了，成绩只能代表过去。我将以更精湛熟练的业务治理好我们门店。

面对明年的工作，我深感责任重大。要随时保持清醒的头脑，理清明年的工作思路，重点要在以下几个方面狠下工夫：

（1）加强日常管理，特别是抓好基础工作的管理。

（2）对内加大员工的培训力度，全面提高员工的整体素质。

（3）树立对公司高度忠诚，爱岗敬业，顾全大局，一切为公司着想，为公司全面提升经济效益增砖添瓦。

（4）加强和各部门的团结协作，创造最良好的工作环境，去掉不和谐的音符，发挥员工最大的工作热情，逐步成为一个最优秀的团队。

二、如何编制年度工作计划

（1）每年年末时，店长除了要对一年的工作进行总结，还要做好来年的工作计划。

（2）除了概述全年的工作计划，店长还应对每个月的重点工作作出详细安排，以便合理安排时间。具体内容可参考本书第三章。

三、配合编制人员岗位职责

作为服装店店长，无论是直营店还是自营店，都需要明确相关人员的岗位职责。由于实际工作情况以及要求的改变，店长需要定期对员工的岗位职责进行调试修改，以便更加符合实际情况。在此，提供几份服装店相关人员的岗位职责，仅供读者参考。

【范例 5–02】

××服装店领班岗位职责

岗位名称	领班
岗位职责	（1）遵守店铺各项规定 （2）执行公司政策，并要求员工配合实行，直接对店长负责 （3）现场监督管理导购员的日常行为，并实施权力内的处罚条例 （4）对于店堂、橱窗布置的管理，并管理店堂卫生情况 （5）负责召开本班例会，了解本班的情况。尤其是导购员情绪问题，如有此类情况应及时向店长反映 （6）对于不配合工作的导购员，有权对其进行处罚，请示店长将其调离或开除 （7）对于销售情况应及时向店长反映，并了解库存量，对于数量或尺码不全的货品应及时反映并补足 （8）负责处理现场的顾客投诉，对于确实有质量问题的货品予以及时并无条件的调换，并以诚恳的态度向顾客致歉，以维护公司形象与声誉为原则 （9）现场监督收银员的工作（退换货、收银员离场） （10）汇总每日盘存报表，销售报表，负责协调好交接班事宜

【范例 5–03】

××服装店导购员岗位职责

岗位名称	导购员
岗位职责	（1）维护卖场形象，随时保持店堂的货品整齐清洁 （2）协助店长进行定期的货品调放、陈列及橱窗的布置工作 （3）接受工作分配及遵守公司制度 （4）留意、收集顾客意见，并向上级反映 （5）帮助新进员工，团结同事，齐心协力为顾客提供服务 （6）适时补充和整理店堂的货品，保持商品陈列、存放整齐规范 （7）协助仓库人员补货、收货、退货 （8）做好盘存工作，及时预备补货资料 （9）销售货品、提供优质服务，适时主动的使用礼貌用语和购买建议 （10）以顾客满意为服务目的，待顾客为朋友，培养顾客忠诚度 （11）协助处理顾客投诉

【范例 5–04】

××服装店收银员岗位职责

岗位名称	收银员
岗位职责	（1）遵守店铺的各项规定 （2）复核昨日销售单、备好发票、计算器、零估单，做好营业前的准备，收银员准备好零钱，找小面额现金 （3）生意成交，进行唱收唱付（一定要看清商品价格，细心计算，不论金额大小都必须做到收、付、找，并请顾客当面点清） （4）收款后要查看金额数在加盖收款章，开具收据、发票时要做到字迹清晰，端正，日期准确，大小写金额相符 （5）所有收据字迹不得涂改，否则一律作废。因需要作废发票时，须导购员、收银员两人签字 （6）每日下岗前要核准账目，收入款与销售报表要相符，如有现金溢缺，应做好当日记录，溢缺不得相互抵消 （7）根据当日销售收入的多少，现金一日一次或多次交给财务人员（离公司近的店铺），过夜现金要放进保险箱 （8）协助领班做好卖场每日的进、销、调、存报表；同时根据报表核对商品实数，发现问题及时弄清并纠正，做好账货相符 （9）因某种原因商品需打折或优惠时，须店长或以上级主管签字方可生效，不可私自打折 （10）收银员就餐时，允许留下一人值班，或由领班、店长代值，不得请其他导购员代值

【范例 5–05】

××服装店仓管员岗位职责

岗位名称	仓管员
岗位职责	（1）清楚每天仓库运作，做到收货、上架、货品整理、调换、退货、补货、推广、盘点 （2）对仓库货品管理及货品的出入库应严格遵照公司的制度执行，并按款号、尺码、数量、日期进行出入库检验，并保持相关单据的完整、准确、清晰，确保出入库工作的井然有序 （3）熟悉各款货品存放位置，查找货品快捷、准确 （4）了解与店铺关系密切的部门运作，并给予配合 （5）针对天气、顾客的变化就货品方面做出适当的反应 （6）清楚店铺货品存量、款式销售排行情况、当货品库存量过多或不足时能主动做出反馈（知会店长），并与各岗位协调调货事宜 （7）做好账、物、卡的管理和协助店长做好月末盘点工作及公司财务盘点 （8）做好每日货品出入仓，定时记录“库存明细账” （9）协助卖场进行日常的销售工作 （10）做好仓库及货品的防火、防盗安全工作，发现隐患及时处理或汇报 （11）遵守店铺的各项规定，积极参与销售工作

四、规范员工工作流程

店长需要规范员工工作流程，一是便于员工理解本职工作，二是便于店长指导员工工作。在此，提供几份服装店相关人员的工作流程，仅供读者参考。

【范例 5-06】

××服装店仓管员工作流程

时间段类别	具体工作
营业前	（1）签到 （2）检查仓库卫生及货品归位情况并做好缺货记录 （3）参加营业早会，反馈相关货品信息及货仓维护情况
营业中	（1）打扫仓库内卫生。保持仓库整齐、有序、清洁 （2）负责次品、污损品的退仓、清洁、维修 （3）来货的接收、点验、入库、出样，仓库账物处理 （4）仓库的盘点、记账、确认工作 （5）出入单据的保管和整理，货品的出入库管理 （7）仓库库容及货品供应状况反馈 （8）协助陈列员的调场，货品支持工作 （9）货品调拨整理工作 （10）滞销及过季库存产品的管理 （11）学习新产品知识及相关传导
营业后	（1）仓库货品的清点 （2）相关事项的工作交接和记录 （3）参加营业晚例会

【范例 5-07】

××服装店导购员工作流程

时间段类别	具体工作
营业前	（1）签到，整理着装，化淡妆 （2）开业，聆听店长安排工作，下达指标 （3）清点卖场商品数量，整理卖场、仓库，打扫卫生 （5）开门营业，迎接顾客进场
营业中	（1）检查自己区域有无未出样商品，进行出样 （2）迎宾，接待顾客 （3）协助同事看好卖场，共同控制卖场，合作完成销售 （4）空场时，整理陈列区域和补货出样 （5）随时清洁卖场，维护区域卫生 （6）陈列卫生组（陈列的调整）、货品组（货品知识的学习和抽查）检查分区工作情况，服务组调动团队气氛（淡场时的游戏和交流） （7）货品的点验、出样和归仓 （8）协助领班和店长的其他工作 （9）交接班的卖场（含补货）、仓库秩序和卫生的交接工作。有顾客情况下可以协助队友销售和交接 （10）收班时反馈工作中的问题和顾客需求，分享经验
营业后	（1）整理好卖场仓库、货品卫生。协助店长检查，关闭设施、设备 （2）卖场货品的清点和出样，反馈断码情况 （3）　晚会准备（相关意见） （4）互道晚安，提醒注意安全

【范例 5–08】

××服装店收银员工作流程

时间段类别	具体工作
营业前	（1）POS机签到，开通设备电源。整理票据、收银台卫生，准备备用金、收银用具 （2）检查有无做数据通信，查看交接事项及现金交接记录
营业中	（1）站姿迎宾，微笑招呼“你好！” （2）唱收唱付，双手递接。清点现金和小票，协助包装 （3）维持好顾客秩序，安排先后次序付款 （4）附加推销，说明产品的保养及三包服务 （5）送宾道别。叮嘱拿好随身物品，提醒导购确认尺码 （6）必要时协助顾客接待工作 （7）巡视卖场，做好卖场的提醒与监督 （8）协助店长的相关账务工作 （9）期中现金账务交接
营业后	（1）做日结账，数据通信上传 （2）整理小票与现金核对，汇总队员销售业绩 （3）做销售日报表及进销存明细账 （4）协助数据整理与分析 （5）做好交接班记录本的记录（相关活动信息及现金票据交收情况） （6）签退POS机，关闭设备电源 （7）票据交由店长审核签字，确认票据［内购、作废、打折、退货、退（换）货］ （8）现金款项及时上交保存

五、配合编制服装销售话术

在服装销售过程中，说话可是一门重要的艺术。往往许多销售失败的原因，不是产品质量不好，二是说话“不中听”，从而将快成交的单“搞黄”。因此店长应组织相关人员，结合本店的实际情况，编制一些服装销售中的常用话术。在此，提供一些常用的服装销售话术，仅供读者参考。

【范例 5–09】

服装销售常用话术

【话术01】

导购人员：您好，想让身材显得瘦一些，通过色彩、款式都可以调整。想要符合职业和多种场合需要，请问您的职业是什么？一般需要参加哪些场合呢？

顾客：我是一名老师，想买一件上班、聚会、逛街都能穿的衣服。

导购人员：那我建议您选择今年比较流行的中度烟灰紫色、灰绿色这一类颜色。穿着这种色彩上班，会给人稳重、内敛的印象。如果朋友聚会的话，搭配一些有光泽感的饰品，就会变得优雅华丽。如果逛街穿呢，就搭配一些比较明快的浅色鞋和包，比如白色的鞋和包，就能够既休闲又时尚。另外，这样的颜色因为比较深一些，所以也能很好地修饰身材，我们有好几款这种色彩的款式，您要不要试试看？

顾客：噢，好啊！

【话术02】

导购人员：用保暖效果极佳来形容这款坎肩毫不为过，您看，首先坎肩内胆采用加毛绒设计，其保暖性能远远高于普通毛线编织坎肩，内胆加绒使其穿着起来更舒适、柔软。其次戴帽内胆含绒拉链女坎肩的戴帽设计，大大提高保暖性能，厚厚的连衣帽保暖效果大大超过了一条厚围巾。坎肩还大量采用织花设计，使坎肩具有时尚感。像这种时尚与保暖兼具的坎肩，绝对是寒冷冬日的首选。

【话术03】

导购人员：这款红色戴帽女卫衣采用醒目、奔放的红色，让少女恣意张扬自己的真实个性，红色戴帽女卫衣采用加厚面料采用卫衣式的设计更显张扬，拉链的设计全部采用红色凸显了活力、前卫的创作风格，帽子里衬采用标志的印花起到了点缀的作用，服装胸前同样有特殊标志。相信您的女儿一定会喜欢的！

【话术04】

导购人员：先生，您的夫人上次来逛时就看中了这款全拼皮真毛领高端女大衣，现在您买来送给她，一定会给她一个惊喜。它采用高端的全拼皮面料，高档时尚，透露着奢华感，衬托女性的高贵气质，真毛的设计也是增添了保暖性能，在寒冷的冬季也能穿出不一样的魅力，军绿色的色彩，看上去高贵大方，有着别样的军中风情，半大款的女大衣更能凸显女性的完美身材。

【话术05】

导购人员：这是一款内藏腰带百合领毛呢大衣，是我们品牌少有的大衣，而且还是保暖效果极佳的呢子大衣，设计简洁，独特，简洁的地方在于用最直接的方法，领口用简单、大气的百合形状的设计，凸显时尚的大气，特别在于腰间不经意间增加了腰带的使用，这样是其他款式所不具备的，这样的设计能够起到更好的保暖防风的作用，是它与身体更好的贴合。

【话术06】

导购人员：秋天到了，您要为自己挑一款毛衣，这款大开领拼色长款毛衣我觉得很适合您。整体设计简洁，选用高档毛线缝制而成，在颜色上选用了灰色，并在衣边处用不同的针织方法，缝制出个性的颜色的层次感与独特的视觉享受，黑色、灰色进行渐变处理，让本来没有时尚味道的毛衣，一下就提高了一个档次，让穿着更具有趣味性与简洁的独特风格。

【话术07】

导购人员：这是一款腰间系带肩部独特设计风衣，整体设计简洁，穿着舒适，选用高档风衣面料设计加工而成，我们很容易地看出这样的设计是其他款式所无法达到的，原因在于融合了意大利的文艺复兴时期的设计，复古中不失现代女性的气质，更让人赞叹的是整体的颜色，用古铜色的深层次色调，来表现出女性的内在魅力，不是在于表面，而是在于内在的气质。

【话术08】

导购人员：本款配围巾领中袖女针织衫，配有围巾一条，装饰与保暖兼具。盆领毛衣是今年编织毛衣给像您这种清新女孩的一个惊喜。在颜色上融入了稳重的黑色、紫色与活力的米色。长款高领的款式受到热捧，在加一条编织围巾更是完美装束的法宝。中袖的设计也能衬托出您的年轻活力。

【话术9】

导购人员：当这样一款短款、双排扣、皮包边女风衣，采用高档面料设计裁剪而成，以纯蓝色为打底布料设计，展现了年轻与活力，领口处采用了圆领的翻领设计，袖口用环扣松紧设计，适合紧身穿着，正面用双排扣的设计，肩部与正面的扣子相连体，使整体的设计更具有统一性，上身效果极好，后背用天蓝色的刺绣设计出了品牌的标志。

【话术10】

导购人员：本款高端精致腰带胸口毛球软呢女大衣，整体设计简洁，腰间用黑色与铜片的设计相结合，与整体的黑色、卡其色形成对比，注重时尚的新概念与独特的视觉感官，整体宽大舒适的设计，与纤细的腰带形成明显的对比，显然腰带是作为一种点缀而存在的，前襟采用了一般女性大衣很少采用的翻领加V领的设计，带有一丝的中性的帅气，另外，在胸口用毛作为球进行妆点，增加动感时尚。

【话术11】

导购人员：这款单口袋缝真皮牛仔裙，从正面看很普通的牛仔裙，但是当你看到后面的时候，你会发现裤兜的口袋处有三角形的真皮，具有野性的朋克色彩，特别是咖啡色的牛皮，用到了牛仔上，可以说是牛皮与牛仔裙的结合，两个‘牛’在这个牛年可以说是更牛了，本款的颜色效果是经过整体水洗出来的，这样细看更有纹路，产生自然、和谐的特点，裤兜角的褶皱打磨设计，是经过细节打磨的，线条更为精细。

【话术12】

导购人员：这是一款女士中长两款棉衣，整体设计简洁，突出了整体的上身效

随手札记

果，在裁剪方面，腰部处都采用了瘦身式的裁剪设计，突出了整体的立体效果，在女士棉衣中，选用浅蓝色作为打底色，简洁中带有一丝的时尚感与另类的高贵，帽子边设计有柔软的棕色毛，在防风、御寒的同时，也具备了一种女性的性感。

六、配合制作仓位图

每年的货品是在不停变换的，店长需要同仓管员一起制作仓位图，以便更加科学合理的利用仓库空间。在此，提供几份服装店仓位图，仅供读者参考。

【范例 5-10】

××服装店仓位图

■男 ■女

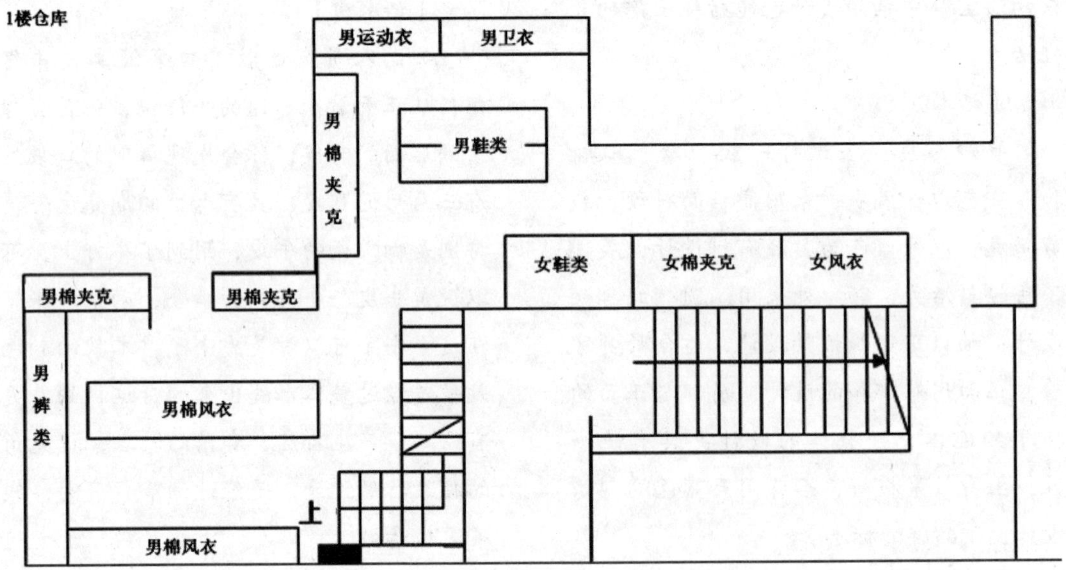

七、编制节庆促销活动方案

店长是服装店的第一负责人，负责门店的整体运营与管理。其中销售业绩是店长的重要考核指标，店长必须利用各种方式来提升店铺业绩。节庆促销是店面销售的黄金时期，在这段时期销售额通常是平

【范例 5-11】

××服装店仓位图

■男 ■女

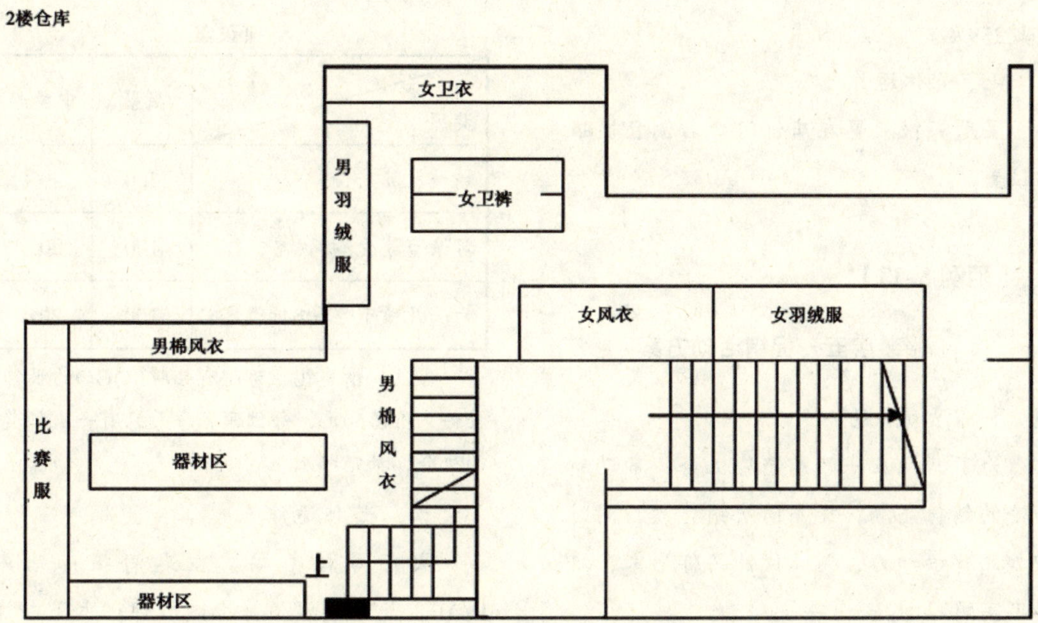

随手札记

时的数倍之多。我国传统节日众多，可以用　“元旦、春节、元宵、三八、五一、六一、端午、八一、十一、中秋”等传统节日，还有西方的圣诞、感恩、母亲节等节庆来开展营销，以吸引大量客流前来购物。因此，店长应负责主导编制促销活动方案。在此，提供几份服装店促销活动方案，仅供读者参考。

【范例 5-12】

××服装店元旦促销活动方案

一、活动目的

延续圣诞影响，提高品牌的市场占有率，促进销量，消化库存。

二、活动对象

追求高品质生活的中、上等阶层的现代都市时尚女性；年龄层为20～38岁的都市女性。

三、活动主题

旦旦大礼，与你同享！

四、活动时间

12月30日、1月1日、2日。

五、参加条件

所有进店试衣者。

六、活动内容

（1）凡试衣者均可获得精美的元旦礼品一份。

（2）满即减：凡购满380元即减89元；凡购满580元即减159元；凡购满780元即减259元。

七、媒体运作

主题海报放置在店铺门口右侧且显眼的位置。

【范例 5-13】

××服装店五一促销活动方案

一、活动目的

为了抓住五一假期销售机会，带动新一轮的销售高潮，提高门店销售额，同时增加品牌亲和力，树立优良品牌形象，培养忠实顾客。

二、活动对象

主要是本市20～38岁时尚都市女性。

三、活动主题

完美假（价）期

四、活动时间

××××年4月29日～5月3日。

五、活动内容

所以服装（除特价外）享受8.8折。凡购满588元可进行抽奖。奖项设置如下表所示。

奖项设置

类别 奖项	数量	中奖率
精美礼品一份	300	40%
母亲节享受8折优惠	100	20%
六一儿童节享受8折优惠	100	20%

备注：精美礼品为印有品牌LOGO的服饰挂件，价值50元，每位顾客每天只有一次抽奖的机会，抽完即止。

六、媒体运作

大门口挂条幅、主题海报；店内POP，夏季吊旗，特价区吊牌；上下电梯有宣传指示牌。

【范例 5–14】

××服装店周年店庆促销活动方案

一、活动目的

1. 周年店庆期间，活动期间累计销售额10万元。

2. 周年店庆期间，贵宾卡办理量较日常相比提高40%。

3. 大幅度提升目标消费群中的知名度、知有率。

二、活动时间

1. 宣传期：××××年6月25日（周四）~6月27日（周六）。

2. 活动期：××××年6月28日（周日）~7月5日（周日）。

三、活动主题

××周年庆，礼惠××城

四、促销方案

1. 首件7折，第二件6折，第三件5折，店庆“放价”中！！！

（两件折合折扣为6.5，三件折合折扣为6；鼓励多消费，并在首件消费中获得折扣，更能吸引顾客购物。）

2. 购物成会员，轻松享优惠

店庆期间，在店购物，即可成为VIP会员，享受购物会员折扣（常年购物8.8折/9.5折）、购物积分折现等多项超值服务。

3. 老会员积分双倍送

老会员在店庆期间购物享受双倍积分。

（以实际消费钱数作为消费积分衡量值，店庆期间的新会员首次购物不享受双倍积分）

4. 带上朋友到××，精美礼物来相送

老会员与朋友店庆期间一同到店并购物，双方即可得到某服装店送出的礼品。

5. 进店有礼 缤纷送

店庆期间到店顾客，均可得到某服装店店庆精美小礼物一份。

（礼品选择：2元以下，带有品牌Logo的物品，如杯子等）

五、宣传

为店庆设计专用的店庆标示，将“××服装店周年庆　礼惠××城”的主题如入其中。在各种相关宣传品上使用。各种设计品设计统一！

随手札记

【范例5-15】

××服装店童装中秋国庆双节促销方案

一、活动主题

情满月圆 举国同庆 ××好礼重重送!

二、活动时间

××××年9月15日～10月9日

第一阶段：9月15日～9月25日（中秋送礼、新款上市主题）

第二阶段：9月26日～10月9日（国庆佳节、实惠多多主题）

三、活动目的

通过推出新款优惠及赠送活动等方式，营造中秋传统节日购物气氛，促进夏装最后清仓销售。将店铺货品按新、旧款式不同划分布置，推出部分8折优惠酬宾的新款秋装，并继续以清仓的价格，刺激消费者选择多购买夏季产品和旧款货品，利用应季购物需求拉动新款销售，从而整体提高业绩。

四、活动地点

××服装店。

五、店铺形象和货品陈列

（1）店面货品、POP布置。在店里通过卖场陈列的调整和广告展示来吸引路人、招揽顾客及让顾客持续产生新的购物欲望。

（2）通过优惠酬宾活动，让顾客体会到真正的优惠，挖掘潜在的顾客变为实际的购物者。

（3）配置赠品促销方式，以提高附加推销的成功率和鼓励顾客多顾买。

（4）通过卖场广播、门头广告条幅等方式的宣传，从优惠酬宾和品牌形象多角度进行宣扬，达到提高品牌的知名度和美誉度，让品牌家喻户晓，让优惠信息迅速、直观的传播给消费者。

（5）推广方式。

①门头横幅：各店根据店面门头实际尺寸制作，内容为：情满月圆 举国同庆 叮当猫好礼重重送。

②橱窗布置：突出主题，设计制作中秋节及国庆节的主题橱窗广告，增加节日的喜庆气氛。

③店内天花：用黄色气球若干，组成月亮图案吊在天花上，营造节日气氛。

④吊旗：新款上市吊旗。

⑤收银台（猫头告示牌）：衣到情意到 礼到心意到！情满中秋 加1元送1件礼品！

凡在店内一次性购物满88元，可送叮当猫钥匙扣一个。

凡在店内一次性购物满128元，加1元，可送闪光电风扇一个。

凡在店内一次性购物满198元，加1元，可送叮当猫太阳帽一顶。

凡在店内一次性购物装满298元，加1元，可送叮当猫书包一个。

（6）货品陈列。将店铺货品按新、旧款式不同及不同优惠区分布置。

六、人员分工与物料准备

（1）参与活动相关人员：门店所有工作人员。

（2）现场物料准备：门头横幅、橱窗、POP、X架、吊旗、气球、礼品。

（3）准备“礼品赠送登记表”“客户联系登记表”等。

八、规范服装陈列

好的服装陈列是一个无声的招牌，可以吸引顾客进店购买。店长必须做好店铺的服装陈列，同时要求店员也要掌握服装陈列的相关知识。

（一）服装叠装陈列

1．叠装陈列规范

叠装陈列是将服装用折叠的方式进行展示的一种形式。叠装陈列空间利用率高，能展示服装部分效果，与其他陈列方式相配合，增加视觉变化，不过其展示效果较差，不能充分展示细节。叠装陈列规范，具体如表5-1所示。

表5-1 叠装陈列规范

序号	类别	具体说明
1	基本规范	（1）每件服装都要拆去外包装，保证平整，肩位、领位要整齐，吊牌不外露 （2）每叠服装折叠尺寸相同，如尺码不同，排列从上到下，由小到大 （3）尽量将图案和花色展示出来，同时上下要对齐 （4）叠装陈列附近应同时展示同款的挂装，满足顾客能更详细观看和进行试衣 （5）层板上陈列的服装高度一致，为方便顾客取放，上方一般至少要留有1/3的空间 （6）每叠服装之间的距离，不能过松或过紧，通常为10cm～15cm （7）叠装较适合面料厚薄适中，不容易产生折痕的服装。西装、西裤、裙子以及一些款式比较不规则的服装一般不宜采用叠装 （8）叠装每摞原则上所占位置不超过32cm×36cm，其间距应保持在10cm～15cm左右。夏季薄面料产品每摞4～6件，冬季厚面料产品每摞3～4件 （9）叠装陈列应尽量避免60cm以下或光线较暗的角落展示。冷色调、大色块以及重色组合适用于货架的底部。经常调换陈列产品的位置，以免造成滞销
2	上装折叠规范	（1）每款服装折叠的规格应统一，注意长宽比例的协调。店长可用自制的叠衣板辅助折叠使规格统一，一般叠衣板尺寸为27cm～39cm，长宽的比例为1:1.3左右比较合适 （2）折叠后领子和胸部的重要细节要能够完整的展示。因为领子和前胸通常是上衣设计的重点部位，经过折叠后能展示设计风格，通常折叠后两个领子边应留有2cm的余量
3	下装折叠规范	下装包括裤子和裙子，其设计点基本在腰部、臀部以及下摆。因此折叠时应尽量做到能展示这个部位的设计要点

2. 叠装陈列技巧

叠装陈列技巧，具体如图5-1所示。

（二）服装挂装陈列

挂装陈列是服装最常用的陈列方式，即整洁地悬挂并展示服装，几乎适合于各种服装。挂装陈列又分为正挂、侧挂、单挂、组挂等类型。

1. 正挂陈列

正挂可以看到服装正面的全貌，适合展示服装的款式及装饰特点，视觉效果比较突出，不过需要占用较大的展示面，因此通常展示特色款。正挂可以单挂，侧挂。侧挂时应考虑服装的个性特点，如款式、长度等。正挂陈列的特点及规范，具体如表5-2所示。

2. 侧挂陈列

侧挂陈列是将服装侧向挂在货架挂通上的一种陈列方式，空间利用率较高，却不能直接展示服装的整个面貌和细节。

门襟叠法 ⇨ 门襟叠法适用于展示前襟位置，比如纽扣，拉链，侧袋的卖点，也可以用于展示腰部内则特殊设计的，比如撞色条纹之类的

拼图叠法 ⇨ 拼图叠法适用于展示独特的图案设计。以三件为单位，第一件T恤叠出图案的上半部分，第二件叠出图案的中间部分，第三件叠出图案的下半部分，三件一组，组成拼图叠装了

图5-1　叠装陈列技巧

表5-2　正挂陈列的特点及规范

序号	类别	具体说明
1	特点	（1）可以进行上下装搭配式展示，以强调商品的风格和设计卖点，吸引顾客购买 （2）弥补侧挂陈列不能充分展示服装，以及人模数受场地限制的缺点，兼顾人模陈列和侧挂陈列的一些优点 （3）正挂陈列既具有人模陈列的一些特点，并且有些正挂陈列货架的挂钩上还可以同时挂上几件服装，不仅起到展示的作用，也具有储货的作用 （4）正挂陈列在顾客需要试穿服装时取放也比较方便
2	规范	（1）衣架款式统一，挂钩朝向统一，一般向左，方便顾客取放 （2）可单件正挂，也可上下装搭配正挂，搭配陈列时上下装的衔接要恰当到位 （3）如有上下平行的两排正挂，通常上装挂上排，下装挂下排 （4）可多件正挂的挂通，应3～6件出样，同款同色尺码从外向内，从大到小或从小到大排列 （5）多款服装同区域正挂时，考虑相邻服装之间风格和长短的协调性

（1）侧挂陈列的特点。侧挂陈列的特点，具体如表5-3所示。

表5-3　侧挂陈列的特点

序号	类别	具体说明
1	优点	（1）服装的形状保形性较好。由于侧挂陈列服装是用衣架自然挂放的，这种陈列方式非常适合一些对服装平整性要求较高的高档服装，如西装、女装等 （2）体现组合搭配，方便顾客进行类比。侧挂陈列在几种陈列方式中，具有轻松的类比的功能，便于顾客的随意挑选。消费者在货架中可以非常轻松地同时取出几件服装进行比较，因此非常适合一些款式较多的服装品牌 （3）侧挂陈列服装的排列密度较大，对卖场面积的利用率也比较高 （4）服装整理简单，取放方便。放入和取出货架都很方便，休闲装经常采用侧挂方式
2	缺点	侧挂陈列不能直接展示服装，只有当顾客从货架中取出衣服后，才能看清服装的整个面貌。因此采用侧挂陈列时一般要和人模出样和正挂陈列结合，同时店长也要做好对顾客引导工作

（2）侧挂陈列的规范。挂装展示需要各种挂架，店长可以根据本店实际情况选择挂架，如滑动的、分体的、可伸缩的等。注意挂架的造型、性能、色彩要与展示的服装相一致。侧挂陈列的规范，主要包括以下几点：

①衣架、裤架款式统一，挂钩统一朝里，方便顾客取放。

②服装熨烫平整，根据款式系好纽扣，拉上拉链或系上腰带，吊牌不外露。

③服装正面一般朝向左方，由左向右尺码按照从小到大或从大到小的顺序陈列。

④侧挂服装的数量要适当，不能太空

随手札记

也不能太紧，一般在6～8cm。

⑤一般情况下每款服饰应同时连续相邻挂2～4件（不同尺码）。

⑥侧挂服装距离地面高度不得少于15cm。

⑦侧挂的最后一件可以反转挂，使其正面朝向顾客。

（3）服装分类挂装规范。上衣和西裤的挂装规范，具体如表5-4所示。

3．其他操作规范

服装挂装陈列的其他操作规范，主要包括以下几点：

（1）根据服装的品种、颜色、规格、档次等分别陈列。同款服装应同时连续相邻挂列3～5件，尺码要全。尺码较多的服装应挂销售量多的大众适用尺码。

（2）同类、同系列货品挂列在同一展示区域内，男、女装服装应明确界定，分列展示。系列款式的货品使用同一衣架。衣架与服装风格应保持统一。

（3）分类挂置时，可以根据品类的量感顺序陈列（如展示单品类，根据量感的大小，由轻至重，或由轻短至重长，然后在较短部分或重长部分各依色彩顺序排列）。每种服装依尺寸大小顺序陈列，便于客人寻找所需尺码。侧挂装尺码序列应从前往后、尺码由小到大；正挂装从外到里，尺码由小到大。

（4）将主推商品或色彩强烈的商品放置在主墙面，使顾客明确商品主题。色彩方面依色彩渐变顺序或间隔色进行陈列，正挂服装由浅到深。

（5）挂装的正面应朝同一方向。挂装货品的间距应在6～8cm之间，挂装与地面距离不应小于15cm。挂装区域的就近位置，应摆放人模展示该区域挂装的服装。

（6）清除别针、夹子和线头，备好纽扣、拉链或腰带。所有折皱或不干净之处都必须整烫清洗后再进行陈列。非开襟类或针织类货品，挂装时衣架须从衣服的下摆放入。

表5-4 上衣和西裤的挂装规范

序号	服装类别	挂装规范
1	上衣挂法	（1）西服应以里面配衬衫系领带为宜，作整体搭配 （2）立领夹克，立起衣领，袖口放进衣袋内，保持袖子平整 （3）翻领夹克，领口放宽，稍向外翻 （4）每件上装之间应保持相同的间距
2	西裤挂法	（1）全长度陈列西裤时，采用M形夹法，可正挂，也可侧挂 （2）半长度陈列裤子，只可采用侧挂 （3）拉上所有拉链（个性表现除外）

（三）巧用人模组合排列

人模和服装是橱窗中最主要的元素，一个简洁到极点的服装品牌橱窗也会有这两种元素，同时这两种元素也决定了整个橱窗的基本框架和造型。

1．人模陈列的特点

人模陈列的特点，具体如表5-5所示。

2．人模陈列位置变化

（1）横向位置变化。由于没有改变人模的前后位置，只在横向的间距上进行变化，因此整个组合既保持一种规则的美感，又透出一丝有趣的变化。

表5-5　人模陈列的特点

序号	特点类别	具体说明
1	优点	（1）服装穿着在仿真人模上，可将服装用能够最接近人体穿着时的状态进行展示，充分地展示出服装的款式风格、设计细节 （2）人模出样的位置一般都放在店铺的橱窗或店堂里显眼的位置上。因此能在短短几秒钟内吸引路过的消费者进店光顾 （3）通常情况下用人模出样的服装，其单款的销售额都要比其他形式出样的服装销售额高。因此，当季重点推荐或能体现品牌风格的服装，就需要选择用人模出样
2	缺点	（1）占地面积大，要控制使用的数量，如果数量太多就没有主次，反而不能很好地吸引顾客 （2）服装穿脱很不方便，遇到有顾客看上人模上的服装，而店堂货架上又没有这个款式的时候，店长从人模身上取衣服就很不方便

随手札记

在第一组横向位置变化组合中，人模前后的位置虽然是在一条线上，通过横向间距的变化，如同图中三条线的排列变化一样，使整个橱窗既有序列感，同时有节奏的变化，具体如图5-1所示。

（2）前后位置变化。人模前后位置变化可以使橱窗的空间变得富有层次感，具体如图5-2所示。

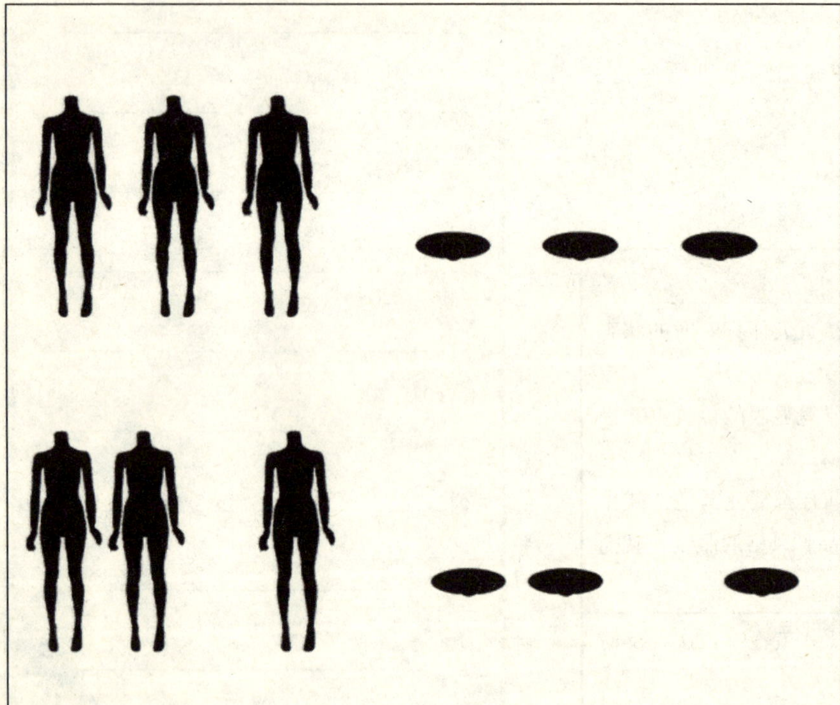

图5-1　横向位置变化

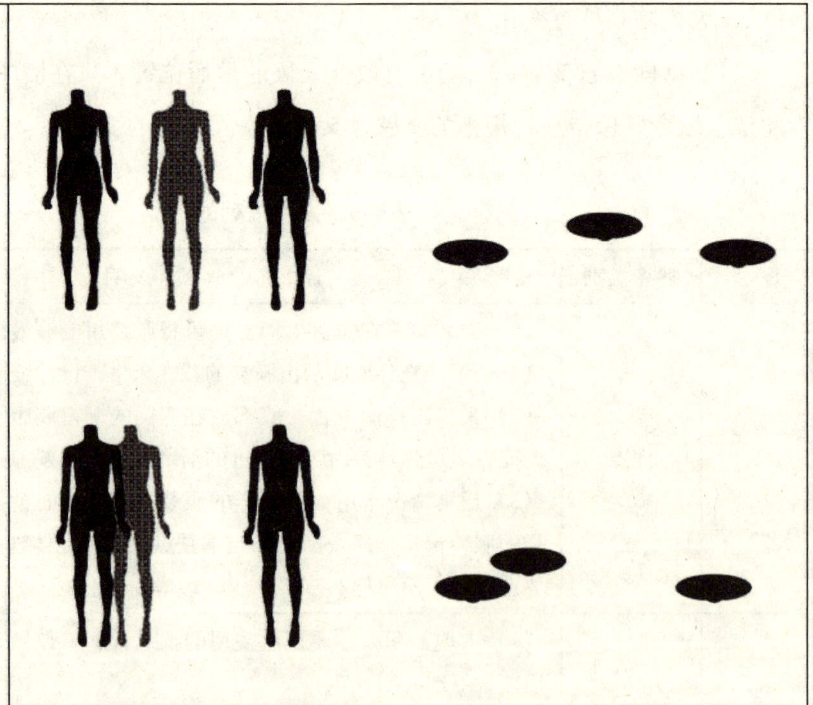

图5-2　前后位置变化

（3）身体朝向变化。有的服装店的橱窗，其人模的身体朝向变化相对单一，基本上是正面朝外。人们往往把更多的精力放在橱窗道具和背景的设计上，而忽视了人模组合给橱窗带来的变化。国外服装店往往把更多精力放在关注人模的编排和方向变化上，相对橱窗的背景却设计得非常简洁。身体朝向变化，具体如图5-3所示。

图5-3　身体朝向变化

橱窗人模的身体朝向组合变化，是在改变人模横向间距和前后位置后再进一步做出的变化，人模之间的呼应、分合，使整个组合变得更丰富。

3．人模陈列的规范

人模陈列的规范，主要包括以下几点：

（1）同一品牌的商业空间中展示的人模风格、色彩一般应统一。

（2）同组人模着装风格、色彩应采用相同系列。

（3）除特殊设计外，人模的上下身均不能裸露。

（4）配有四肢的人模，展示时应安

随手札记

装四肢。

（5）不要在人模上张贴非装饰性的价格牌等物品。

（四）服装陈列色彩搭配

服装卖场中色彩陈列的方式有很多，最常见的是将多样的色彩根据色彩的规律进行规整和统一，使其变得有序列化，使卖场色彩的主次分明，易于消费者识别与挑选。

1．渐变法

渐变法将色彩按明度深浅的不同依次进行排列，色彩的变化按梯度递进，在侧挂、叠装陈列中经常使用。明度排列法一般适合于明度上有一定梯度的类似色、临近色等色彩。如果色彩的明度过于接近，就容易混在一起，反而感到没有生气。

色彩无论是同色相还是不同色相，都会有明度上的差异。如同一色中，淡黄比中黄明度高，在不同色相中黄色比红色明度要高。渐变法的常见方式，具体如表5–6所示。

2．间隔法

间隔排列法是在卖场侧挂陈列方式中，采用最多的一种方式。间隔排列法虽然看似简单，但因为在实际的应用中，服装不仅有色彩的变化，还有服装长短、厚薄、素色和花色服装的变化，所以就要综合考虑，同时由于间隔的件数的变化也会使整个陈列面的节奏产生丰富的变化。

店长可以先将服装按分类的原则进行分类，然后再进行间隔。具体而言，间隔法的类别，具体如表5–7所示。

通常先将本柜的服装色彩进行调

表5–6　渐变法的常见方式

序号	方式类别	具体说明
1	上浅下深	将明度高的服装放在上面，明度低的服装放在下面，这样可以增加整个货架服装视觉上的稳定感。在人模、正挂出样时通常也采用这种方式。有时候为了增加卖场的动感，也经常采用相反的手法，即上深下浅的方式，以增加卖场的动感
2	左浅右深	实际应用中并不用那么教条，不一定要左浅右深，也可以是左深右浅，关键是一个卖场中要有一个统一的序列规范。这种排列方式在侧挂陈列时被大量采用，通常在一个货架中，将一些色彩深浅不一的服装按明度的变化进行有序排列，这样会在视觉上产生一种井井有条的感觉
3	前浅后深	在陈列中可以将明度高的服装放在前面，明度低的放在后面。而对于整个卖场的色彩规划，也可将明度低的系列有意放在卖场后部，明度高的系列放在卖场的前部，以增加整个卖场的空间感

表5-7　间隔法的类别

序号	方法类别	具体说明
1	色彩间隔	将款式相近，长度基本相同的服装陈列在一个挂通上，通过色彩间隔变化来获得节奏感的一种陈列方式
2	长度间隔	将色彩相同或相近，款式长度不同的服装陈列在一个挂通上，通过长度的间隔变化而获得节奏感
3	长度和色彩同时间隔	把相同系列，不同色彩，不同长度的服装陈列在一个挂通上，从而获得更为丰富的节奏和韵律感

整，将同样的色彩归在一起，找出本柜中数量最少的、颜色最出跳的色彩作为间隔的色彩。

3．彩虹法

彩虹法就是将服装按色环上的红、橙、黄、绿、青、蓝、紫的排序排列，其给人一种非常柔和、亲切、和谐的感觉。彩虹法主要应用在一些色彩比较丰富的服装品牌中，也可应用在一些装饰品中，如丝巾、领带等。除了个别服装品牌，实际当中碰到色彩如此丰富的款式在单个服装品牌中，还是很少的，因此实际应用机会相对比较少。除了彩虹式排列法，货架中的色彩不宜太多，在2～4色就差不多了。

九、做好门店现金管理

（一）确定收银步骤

收银服务的态度和质量是整个店铺形象和管理水平的直接体现，关系重大。收银主要包括以下五个方面：

随手札记

（1）欢迎顾客光临。

（2）确认商品卖价，向顾客说出每件商品的金额，如“您买的衬衣是300元，裤子是280元”。

（3）报出商品金额的总数，如“您买的商品共520元”。

（4）确认并说出收到顾客钱的金额数，如“收您500元整”。

（5）一边找回顾客钱一边说出其金额，如找您50元，谢谢！欢迎下次再来！

（二）制定收银制度

服装店店长可以制定好收银制度，以此来规范收银员的工作。

（1）收银员应确保收银程序的规范化、标准化，提高收银速度和准确性。

（2）保证充足的零用钱，确保金库和现金的安全。

（3）确保顾客所购的每一件商品均已收银，不得遗漏。

（4）现金不符，缺款由收银员负责，多余款项应先查明来源，如果不能查清应归公司所有。

（5）任何店员不能挪用借用营业款。

（6）熟悉业务，提高辨别假钞的能力，拒绝收取残币、假币。

（三）掌握收银要点

服装店店长掌握一些收银要点，有利于现金收银工作管理。

1．扫描商品要做到快速、不重复、不漏扫

收银员扫描商品要做到快速，因为顾客一般等待的时间为2～3分钟，这样，顾客才不会产生抱怨。因此，收银员必须熟悉一般商品的条形码印刷位置。如果条形码受到损坏或者丢失，需要找出正确的条形码，用手工输入。

2．商品消磁要快速、不遗漏、不损害商品

如果消磁不彻底，导致顾客抱怨，甚至引起顾客与店铺人员的误会，收银员需要正确掌握消磁方法。

3．收银产生差异的处理方法

每天营业结束后，收银员要与服装店店长一起清点现金和账目。如果发现现金与账目不符，应该立即找出原因，保证在一天内处理完毕。

4．收银差异产生的原因

产生差异的原因可能是顾客没有接收零钱，收银员算错账，收银员盗窃收银现款或者是收到假钞。如果收银员没有合理解释的原因，则需要本人做出书面解释，对于违反收银规定的收银员必须依靠店内制度进行警告或罚款处理。

（四）现金管理重在清点安全

加强现金管理是店铺财务管理的重要项目。服装店店长对于现金的管理主要侧重在清点、安全两个方面。

1．现金的清点及结算

（1）现金由收银员与值班长在指定

地点和时间，面对面清点清楚，并填写每日营业收入结账表，由收银员与值班长签名确认。

（2）值班长在收银员清点营业款后，列出收银员日报表，并与现金借款单核对。收银损益在现金解款单中写明，然后将现金与现金解款单封包并加盖骑缝章，最后在交接簿登记，移交服装店店长。

（3）每天选择一个固定的非高峰时间，例如14：00～15：00之间进行一次总结算，结算的时间跨度为昨天14：00到今天14：00。这样结算完，可以有时间在银行营业结束前进行解款。

2．现金的安全措施

（1）为了现金的安全，店铺至少配备保险箱一个，用于存放当日现金或过夜营业款。保险箱要是由服装店店长亲自保管。

（2）每日服装店店长收到值班长交付的现金后，要立即将现金存入保险箱，等待银行上门收款。如需要解交银行，服装店店长可本人或指派专人，最好是两个人存入指定银行或公司指定的账户。

（3）为保证现金安全，最好选择离店铺最近的银行。解交银行后，存款人须当日存款凭证签字并交付给财务人员，并在交接簿上签字。

3．票据问题

（1）店铺的一切现金收支，都必须取得或填制原始凭证，作为收付款项的书面证明。服装店店长需要制定内部交款清单（见表5-8所示），对内部财务进行有效的管理。

（2）向银行提取现金时，要签发现金支票，以“支票存根”作为提取现金的证明；将现金存入银行，要填写解款单，以银行退回的“解款单回单”作为收款的证明；支付零星小额的开支，以发票作为付款的证明；收入小额销售货款，以

随手札记

表5-8　内部交款清单

缴款人姓名			缴款人工号				日期					
项目	单位	缴款明细										
现金	元	票面	壹佰元	伍拾元	贰拾元	拾元	伍元	贰元	壹元	伍角	贰角	壹角
		张数										
		金额										
优惠券	元	共（　　）张										
备注												
合计（元）　万　仟　佰　元												
收银员：________ 店长：________ 现金总收：________												

销售部门开出的“发票副本”作为收款的证明；支付员工预借差旅费的款项，应以服装店店长批准的“借款单”作为付款证明。

（3）只有服装店店长亲自签字的票据才能记账，否则将以不合格票据的名义退回。

十、如何做好成本控制

（一）控制人员成本

在店铺营业经营中，店铺租金及水电费、商品成本等基本上都是固定不变的，而人员的工资及提成奖金等占销售管理费用较大比例，服装店店长应控制人员成本。

（1）选择合理数量的精干人员，在旺季或销售繁忙时临时聘请兼职人员。

（2）所有人员的工资及提成资金等占门店毛利率的比例，应控制在40%以下。

（3）培养店员一专多能的能力，用尽量少的人做尽量多的事情。

（二）节约水电费用和杂费

对于水电费用和杂费等，采用节约的原则，如减少不该有的照明，或者办公用品集中采购等，来节约部分的杂费。而对于一些不经常使用的大型设备，可以采用租赁的方式。

在月末，某店铺的财务报表上的营销费用为50万元，其中水电杂费15万元。服装店店长和财务人员其实都很重视营销费用的控制和使用问题，特别是“大”的营销费用，比如，市场建设费用控制、促销经费控制、工资奖金发放、每月报账冲账等，但是对于一些“小节”则不看在眼里。员工宿舍整天都开着空调，亮着灯，水哗啦啦不断地流，办公室里面的纸张、笔以及其他用品四处乱扔，促销礼品被员工分次邮寄回家等。

（三）合理计算库存商品

合理的库存可以提高店铺的赢利率，一方面库存太少，将增加到商品的采购费用，而库存太多，不仅要占用大量的资金，而且也会产生更多的仓储保管费用，甚至因为商品销售不畅进而造成大量的商品损耗。

在营业过程中，每天的存货都会随着厂商的进货、店铺的销售、退货、报废和门市间调拨等造成店铺内存货的增加或者减少，所以存货记账是十分必要的，服装店店长可以制订一份商品购进计划完成表（如表5-9所示），对库存商品有一定的了解。只有正确且完整地记账以及填写各种存货的报表，才能管理好店铺的所有存货。

（四）控制广告及促销费用

有些广告促销用品要反复的利用，或者亲手来制作，以节约费用。如一些促销，可以采用亲手绘制的方法来节约费用。有些精明的服装店店长会通过组织手绘海报的活动来发现店员中的人才，并且在以后安排重用。

在确定广告宣传计划时，要根据媒体的读者定位、发行量等因素来精心挑选广告载体。如社区内的小店，如果做广告的宣传，适宜采取的形式为店员去附近的社区做直投，即将广告宣传页直接地塞入居民的邮筒。

促销费用的精打细算要更加严格。如采用加量促销方法时，加量多了会收不回成本，而加量少了对顾客又没有吸引力，所以服装店店长应该计算出一个最合适的加量比例，否则多了少了都会是浪费。有一些促销活动，如果采取独特的形式，将起到很不错的效果。

表5-9　商品购进计划完成表

店名：

商品类别	计划购进额	实际购进额	完成计划程序	差异额	差异率
合计					

（五）严格控制应收账款

应收账款占用大量资金，因此要严格控制在一定的比例。服装店店长须亲自抓应收账款，将应收账款按照业务类别划分为不同的等级，具体如表5-10所示。

服装店店长可以制作一份应收账款控制表和应收账款分析表（如下页表5-11、表5-12所示），以此作为对应收账款分析的依据。

表5-10 应收账款等级

序号	等级	具体内容	备注
1	红色警戒	应收账款需要转交专门的收账小组派专人负责收取	
2	黄色警戒	应收账款应由该业务负责人在限定的时期内收取	如果超期不能收取即可转变为红色警戒
3	绿色警戒	账款可暂时不用催促	
4	黑色警戒	应收账款需要交给律师以法律手段解决	

表5-11 应收账款控制表

厂商	上月应收账款	本月出资	本月减项				本月底应收账款			
			回款	退款	折让	合计	月	月	月	合计
合计										
百分比										

核准： 复核： 制表：

表5-12　应收账款分析表

月份	销售额	累计销售额	未收账款	应收票据	累计票据	未贴现金额	兑换现金	累计金额	退票金额	坏账金额
分析：										
备注：										

核准：　　　　　　　　　　复核：　　　　　　　　　　制表：

此外，对于造成应收账款个人应实行评分制度，每季度一评，根据得分的多少，制定相应的奖罚措施，以便提前控制特级以及一级应收账款的出现概率。

随手札记

- 一日工作安排与落实
- 一周工作安排与落实
- 月度工作安排与落实
- 季度工作安排与落实
- 年度工作安排与落实

管理心得

管理心得，其实是服装店店长对自己个人工作的总结。可以是对某一个事件的看法，也可以是某一项工作的实施计划；可以是成功的经验，也可以是失败的教训。

我的年度管理心得

已办事项	
未办事项	
待办事项	
通过这一个年度的工作，我最大的收获是：	